隨身佛典

# 長阿含經

後秦佛陀耶舍共竺佛念 譯

隨身

典

後秦佛陀耶舍共竺佛念 譯

隨身佛典

# 長阿含經

後秦佛陀耶舍共竺佛念 譯

隨身佛典

# 長阿含經

後秦佛陀耶舍共竺佛念　譯

# 長阿含經

後秦佛陀耶舍共竺佛念　譯

隨身

# 〈隨身佛典〉的出版因緣

我們一直希望改變佛經的閱讀習慣，使佛經的閱讀成為日常生活的一部分。隨時隨地，我們都能將揭示宇宙實相真義的經典，隨身攜帶閱讀，並能立即而適切地解決我們生活中的問題，昇華我們的生命，使我們的人生幸福、光明、喜樂。

佛法並非只在早晚課誦、佛堂或佛寺中出現而已，而應該在我們人生中的每一剎那出現。當我們困頓時，為我們解除煩惱；苦難時，消除傷痛；喜樂時，給予我們教示導引昇華；並時時刻刻的增長我們生命中的光明、智慧、慈悲，使我們有力的走向菩提大道。所以，佛法是生活中的事，我們用三法印思考，用四聖諦觀察，用八正道生活，用無上菩提來豐樂幸福我們的人生，生活、佛法、事業、家庭完全融合一體，這才是佛陀出現人間所要教導我們的主旨。也是佛陀時代，所有菩提行人的正常生活。但現在觀看人間的佛教行者，是否將思想、生活、佛法分開了，使佛法局限在生活中的某一角落、某一時間，只有在早晚課誦、佛堂、佛寺中悄悄出現。

我們認為這並非佛法生活的正常道，也不是佛陀教導我們的真正目的。因此，十分期望將佛經編輯成隨身可帶可讀，隨時可參考，是多麼理想的事啊！而且，這些經典，我們不只編出常用的《金剛經》

、《心經》、《彌陀經》、《法華經》而已，更期望將各類大小的經典，以分段、標點，製成理想易讀、易理解的版本，使佛法大眾隨意受用，我們更希望在將來捷運大量通車後，佛經的閱讀，也成為其中的一個特色。如果能如此，這真是「捷運乘」的佛經了。

經典的受持，不只讀誦而已，佛陀開示受持佛典的方式，共有十法門。即：一、書寫，二、供養，三、流傳，四、諦聽，五、披讀，六、受持，七、廣說，八、諷誦，九、思惟，十、修習。我們當然希望，由於閱經習慣的普遍化、生活化，使經典不只讀誦而已，更能使佛法大眾受持、思惟、修習，進而成就無上菩提。這是我們內心真誠的祈願，願諸佛三寶哀攝福佑，讓我們完成這個願望。

# 凡例

一、本經選自日本《大正新修大藏經》第一册阿含部之長阿含經。

二、本經以日本《大正新修大藏經》（以下簡稱《大正藏》）為底本，而以宋版《磧砂大藏經》（新文豐出版社所出版的影印本，以下簡稱《磧砂藏》）為校勘本，並輔以《佛光大藏經阿含藏》與《大正藏》本身所作之校勘，作為本經之校勘依據。

三、《大正藏》有字誤或文意不順者，本經校勘後，以下列符號表示之：

㈠改正單字者，在改正字的右上方，以「*」符號表示之。如《佛說長阿含經》卷一〈大本經第一〉之中：

面目黧黑，獨臥糞除，無人瞻視……（《大正藏》）

面目黧黑，獨臥糞穢，無人瞻視……（《磧砂藏》）

校勘改作為：

面目黧黑，獨臥糞*穢，無人瞻視……

㈡改正二字以上者，在改正之最初字的右上方，以「*」符號表示之；並在改正之最末字的右下方，以「☆」符號表示之。如《佛說長阿含經》卷八〈散陀那經第四〉之中：

不為高貴、憍慢、自大，是為苦行離垢法也。（《大正藏》）

不為貢高、憍慢、自大，是為苦行離垢法也。（《磧砂藏》）

校勘改作為：

不為*貢高☆、憍慢、自大，是為苦行離垢法也。

四、《大正藏》中有增衍者，本經校勘刪除後，以「①」符號表示之；其中圓圈內之數目，代表刪除之字數。

如《佛說長阿含經》卷二〈遊行經第二初〉之中：

於諸天、釋、梵、若魔、若魔天……（《大正藏》）

於諸天、釋、梵、魔、若魔天……（《磧砂藏》）

校勘改作為：

於諸天、釋、梵、[1]魔、若魔天⋯⋯

五、《大正藏》中有脫落者，本經校勘後，以下列符號表示之：

(一)脫落補入單字者，在補入字的右上方，以「⊙」符號表示之。

如《佛說長阿含經》卷三〈遊行經第二中〉之中：

今此神珠真為我瑞，（《大正藏》）

今此神珠寶真為我瑞，（《磧砂藏》）

校勘改作為：

今此神珠⊙寶真為我瑞，

(二)脫落補入二字以上者，在補入之最初字的右上方，以「⊙」符號表示之；並在補入之最末字的右下方，以「☆」符號表示之。

如《佛說長阿含經》卷九〈十上經第六〉之中：

謂九想：不淨想、觀食想…（《大正藏》）

謂九想：不淨想、觀食不淨想…（《磧砂藏》）

校勘改作為：

謂九想：不淨想、觀食◎不淨☆想…

六、《大正藏》中，凡不影響經義之正俗字（如：恒、恒）、通用字（如：蓮「華」、蓮「花」）、譯音字（如：目「犍」連、目「乾」連）等彼此不一者，本經均不作改動或校勘。

七、《大正藏》中，凡現代不慣用的古字，本經則以教育部所頒行的常用字取代之（如：讃→讚），而不再詳以對照表說明。

八、凡《大正藏》經文內本有的小字夾註者，本經均以小字雙行表示之。

九、本經之經文，採用中明字體，而其中之偈頌、呪語及願文等，皆採用正楷字體。另若有序文、跋，則採用仿宋字體。

十、本經所作之標點、分段及校勘等，以儘量順於經義為原則，以方便讀者之閱讀。如有疏漏之處，尚請諸方長老上尊賢達大德不吝指正。

十一、標點方面，表示時間的名詞（或副詞），如：時、爾時等，以不逗開為原則。

# 長阿含經序

《長阿含經》，梵語Dīrghāgama，意思是長的聖教。該經是雜、中、長、增一四阿含之一，纂輯了阿含部的長經，共有四分、三十經，與巴利文的長部相當。後秦弘始十五年由罽賓國三藏沙門佛陀耶舍與涼州沙門竺佛念，根據梵本譯出。

## 一、長阿含經與長部的關係

漢譯《長阿含經》共有四分、二十二卷、三十經，而南傳長部則收錄了三品、三十四經。兩相對照，可以發現有的經典前者有，後者無；有的後者有，前者缺，即使是同名的經典，也有教說律令的前後、出入、增減，由此可知長阿含並不是長部的譯本，而兩者的傳承也證明此點。長阿含與長部都源自於上座部長老在中印度編成的原始經典，這原始經典在阿育王時代分別傳到罽賓（Kaśmira）與錫蘭，經過長久的時間，經由不同的人與地方，再從罽賓傳入西域；從錫蘭傳入南方各國。南北兩路於是各有各的發展。

經由西域傳入中國的《長阿含經》原本是以梵文及Prākrit語混合而成的所謂佛教梵語在北方寫成的。南傳的長部則以巴利文寫成。再從傳持的地理性差異來看，可發現長阿含與長部在內容上有相當大的差異，編纂年代也不同。就此而言，兩者各有各的特長，因此不可偏廢。再說，從地理關係、傳衍情形、時間的經過等等，可發現《長阿含經》中有濃厚而錯雜的部派色彩，因此在《長阿含經》原本已經散佚的今天，不要忘了保護漢譯本的獨立價值。

## 二、長阿含經編纂的目的

長阿含及長部並非如一般人所認為的，只是佛陀教說的集錄，而是經歷長久的時間，在某種目的下組織編纂而成的。這點Otto Frank在長部的德譯序文中已有所言，而且從古代佛音、智旭等論師所說，也可以獲知。前面這些人的說法有異，因此處理這些問題，必須從形式及內容兩方面來考察、討論。

漢譯《長阿含經》卷頭載有僧肇的長阿含經序，說：

「開析修途，所記長遠，故以長為目。」

佛音論師(Buddhaghosa)的長部註釋書——吉祥莊嚴(Sumaṅgalavilāsinī)第一卷序文第二十三頁說：

「抽出經文長的經典而加以保存，故稱為長部。」

這兩段文字從形式上說明編輯的目的，認為《長阿含經》的四分、二十二卷、三十經（長部為三部、三十四經）是抽出經文較長、份量較多的經典編纂而成的。然而，就只為這個目的編纂的嗎?再進一步細讀經典的內容，從全體的觀點來究明編輯目的，可以發現其目的在破邪顯正，而且也有兩種文獻資料可作為證明。

一、薩婆多《毗尼毗婆沙》卷一（大正藏・二十三卷・五〇四頁）說：

「破諸外道，是長阿含。」

二、智旭彙集的《閱藏知津》卷二十六・表一上說：

「長（阿含經）破邪見。」

這兩段話顯然認為《長阿含經》的編輯目的在於破邪顯正。

再者，Otto Frank曾說，當時的佛教人士試問佛教要用何種教說折服外道梵志，並給予世道人心一個安穩之處。蒐尋經典後，認為應該用解脫道(Vimutti-magga)的教說，因此編輯長阿含以闡明此一教說。

再深入解釋，散見於《長阿含經》中的彌勒佛信仰及念佛思想，乃至塔寺供養之功德的教義信條，是從解脫道朝向救濟道信仰的發展趨向。《長阿含經》即是為了宣布此一趨向而編輯的。

不論如何，若剖析長阿含（長部）編輯者的用意，並直截了當的加以解釋，長阿含（長部）是向外為了破邪顯正、向內為了闡明解脫道的教說，而以佛陀的教說編輯成的。其中纂輯的經典所以文句長而份量多，應該是不期然的。

## 三、長阿含在四部阿含中的地位

在錫蘭王Vaṭṭagāmani下令書寫三藏——即西元前七十八年以前，佛教經典原本是靠口誦憶念傳來的。依Rhys Davids所說，當時是：

(1)以長行，或以偈頌傳持用簡單語句表現的經文。

(2)以法數的積聚傳持。

如果此一傳承方法屬實，則雜阿含．相應部可說是四部阿含中最早成立的。相應部中又有許多經文類屬於九分教中的重頌及解釋，據此可說相應部最為古老。

相反的，就經典的思想內容來看，增支部及增一阿含處理法數的方式，相當有條理。其中充份顯現出論部的傾向，由此可以推定它是四部阿含中最晚成立的。

在這兩部兩阿含之間，是長阿含經及中阿含。關於這兩者的關係及成立先後，存在著許多不同看法，現在根據研究結果加以論斷。

首先，在長、中阿含兩經中皆出現的經典有：大念處經（念處經）、弊宿經（蜱肆經）、小緣經（婆羅婆堂經）、散陀那經（優曇婆羅經）、大緣方便經（大因經）、釋提桓因問經（釋問經）、善生經（善生經）等。

《中阿含經》的編輯目的，據說是為了闡明深義（智旭之言），與長阿含經的編輯目的不同，但由於前揭經典俱存於兩經中，可知彼此關係很深。若進而研察這些經典及兩部阿含中的各部經典，可預想

《中阿含經》比《長阿含經》更早成立。

在經典的內容方面，《中阿含經》比《長阿含經》的部派色彩單純。由此可充分論斷《中阿含經》未受其他部派太大的影響。

在瑜伽師地論卷八十五（大正藏第三十卷、七七二頁）說：

「事契經者，謂四阿笈摩：一者、雜阿笈摩，二者、中阿笈摩，三者、長阿笈摩，四者、增一阿笈摩。」

然而，小品第十一章提到梵動經、沙門果經為首的五部，佛音的吉祥莊嚴也出現長、中、相應、增支、小五部的名目，但不只不能驟論這些表示成立順序，而且一般認為島史中關於此事的記載，比小品更可靠，所以南傳關於四部（四阿含）之新古的說法，不足採信。

# 四、長阿含經編輯與所屬部派的關係

經過前述成立歷史編成的《長阿含經》，我們不能認為它沒有編輯之時存在的部派色彩，或不受諸部派的影響，而完全依據原始佛教的教說編成。再者，若如前述，《長阿含經》的編輯含有對外、對內的目的，則在從事編輯工作時，不能不通曉當時的哲學思想、宗教意識乃至一般的時代思潮。而且，當時是部派佛教興隆的時代，佛教諸派非常活躍，競稱自派的佛教才是真佛教。為達成目的，自然會採擷他派的長處，以補足自派的短處，期能臻於完善之境。

現在分別研探長部和長阿含經與部派的關係。首先必須先讀《論事》及《異部宗輪論》等的記述，以瞭解部派的全貌，再根據此預備知識，概括地觀察長部。從長部各經典的內容可看出，長部是以分別說部即根本上座部系所傳的教說律令為精髓，加上帶有濃厚大眾部色彩的許多部派的長處，而組織編輯成的。從錫蘭的地理關係來看，巴利長部所受其他部派的影響比漢譯《長阿含經》少，是可以認可的。

其次，論述《長阿含經》的編輯與部派的關係。如各經內容所顯示，《長阿含經》是將上座部系中說一切有部所傳的教說律令，加以組織安排而成的，但有時也因為論述的必要或時代思想的影響，而攝取許多上座部系中其他部派的長處，乃至攝取可認為是大眾所傳的諸說。換言之，長部的特徵是重律主義，《長阿含經》則顯現出濃厚的重經主義風格，後者的有部色彩因其他諸部派的影響而淡薄，並可依不同看法，將它歸屬於其他部派。因此，此經典往往易於被斷定為法藏部系（立經、律、論三藏以及菩薩藏、呪藏的五藏說），或近於法藏部系的經典，但一定要注意，不可只看到枝末部派的影響，就為其所惑。可是，《長阿含經》的漢譯者，也翻譯號稱法藏部所傳的四分律，有人根據這點認為《長阿含經》和法藏部有直接關係，然而除非傳譯者和部派的關係必定一致，這點不該如此受重視。不過，可想像上述一事有相當密切的關係，因此不妨說《長阿含經》和法藏部有比較密切的關係，受到相當的影響。雖說如此，在論斷它屬於法藏部前，不得不慎重。

總之，長部與《長阿含經》都是從成立於印度本土的同一原本流出，但分別在印度南北獨立發展，因此若一方面回顧成立當初所屬部派的所說與傳統，一方面比較對照長部與長阿含兩經典，再將所發現的一致點，即兩者共同的教義信仰抽出，以決定其所屬部派，則應屬於根本上座部乃至說一切有部。

因此，《長阿含經》雖屬於說一切有部，但不能不說它也含攝其他許多部派的色彩。

## 五、長阿含經各經大意

本經譯本內容，共為二十二卷，分為四分，內收三十經，各經內容大意如下：

第一分，收〈大本經〉等四經，主要敘述諸佛及佛弟子過去因緣本事。

〈大本經第一〉，敘述過去九十一劫以來毗婆尸佛、尸棄佛、毗舍婆佛、拘樓孫佛、拘那含佛、迦葉佛以及今釋迦牟尼佛共七佛之本緣、史傳。並廣說毘婆尸佛從兜率天下，投胎降生人間，具足三十二相，及長出遊觀老、病、死起厭離，觀沙門而出家修道，成佛轉法輪，成立僧團，後入涅槃，以明諸佛常法。

〈遊行經第二〉，敘述佛臨般涅槃前，從羅閱城起，遊化各地引導四衆及異學，最後到達拘尸那竭城，其中之種種教化，本經首先是佛因摩竭王阿闍世欲伐跋祇，並命大臣離舍來問佛，佛明示跋祇國人具足七事，故國久民安以消阿闍世王攻伐之念；進而為比丘說七種、六種不退法。其次歷敘佛遊行教化，說聖戒、定、慧、解脫四深法、五寶難得，明依四念處而自熾然，熾然於法，自歸依，歸依於法，後因佛陀答應波旬勸請入滅，而為阿難說地動八因緣、世有八衆、四種應得起塔，乃至拘尸那竭入涅槃，八國分佛陀舍利起塔供養等事。

〈典尊經第三〉，敘述梵童子為忉利天人，說佛在於過去因行中為大臣典尊時，教化閻浮提七王、並修四無量心後出家等事，再明修四無量非究竟道，而今成佛為弟子說法，乃是究竟梵行。

〈闍尼沙經第四〉，本經述說佛陀轉述摩竭國王歸敬三寶為優婆塞，因念佛故，命終為毗沙門天王太子，得初果，七生中常名闍尼沙（譯勝結使），向佛自述聞自梵童子說四念處、七定具、四神足等法，以酬阿難之疑問。

第二分，收〈小緣經〉等十五經，主要敘述佛為諸弟子所說修行法要及種種善惡因緣等事。

〈小緣經第五〉，為佛說四種姓做善超昇為惡墮落，一切四姓平等，並明一切四姓出家修道者同為釋種。又說四種姓生起因緣，而以成就明行證得阿羅漢為最上。

〈轉輪聖王修行經第六〉，說過去堅固念等六轉輪王以正法治世，至第七王不承舊法惡法自用，以致殺盜四起，人壽遞減，致成刀兵劫，而後智者心懷怖畏發心修善，以致人壽又漸增，到八萬歲，有轉輪聖王出及彌勒法王現世。因此佛教化比丘等當修善法，可得四神足進而修四諦成漏盡比丘等事。

〈弊宿經第七〉，說童女迦葉在拘薩羅國為弊宿婆羅門廣說種種譬喻法，破其斷見，令彼婆羅門皈依佛法，設會施衆，及命終生天等事。

〈散陀那經第八〉，述敘佛因尼俱陀梵志在散陀那居士前誹謗佛陀，佛為梵志說苦行淨不淨等法，折伏梵志令彼皈依。

〈衆集經第九〉，佛命舍利弗為衆說法，因說種種增一之法，從

「一切眾生皆依食住」之一法起，逐次增一，說至十無學法止。

〈十上經第十〉，佛因背痛欲休息而命舍利弗為諸比丘說法，舍利弗即說十上法，從成法、修法、覺法至證法共十種一法，逐次增一，至十種十法，具足五百五十法，能除結縛，得至涅槃，盡於苦際。

〈增一經第十一〉，佛為諸比丘說成、修、覺、滅、證等法，從一法增至十法等事。

〈三聚經第十二〉，佛為諸比丘說趣惡趣、趣善趣、趣涅槃等三聚法，從一三法聚增至十三法聚。

〈大緣方便經第十三〉，述敘十二支緣生法相鄰兩支依緣而起之義，又明如實正觀十二因緣，可得慧解脫。

〈釋提桓因問經第十四〉，帝釋發微妙善心欲來見佛，先使樂神般遮翼鼓琉璃琴讚佛。佛為說天人怨敵之因起於戲論，以明無調戲則無想，無想則無欲，乃至一切眾生不相傷害等事。

〈阿㝹夷經第十五〉，佛為房伽婆梵志說善宿比丘往昔因緣，及說破外道苦行邪見等事。

〈善生經第十六〉，佛為長者子善生說離四惡行，禮敬六方法。

〈清淨經第十七〉，佛因沙彌周那陳述尼乾子徒眾分裂諍論等事，乃為說清淨梵行等無諍正法。

〈自歡喜經第十八〉，敘述舍利弗思惟心念佛說三十七菩提分制法、十二處等法，而決定讚說，佛的智慧無餘，神通無餘，一切過去、未來、現在所有沙門婆羅門無有與如來等者。

〈大會經第十九〉，明示諸天鬼神於佛所集會，佛各別為之結呪。第三分，收〈阿摩晝經〉等十經，主要敘述佛對異學的論難及破斥外道邪見等種種事。

〈阿摩晝經第二十〉，佛因婆羅門阿摩晝輕慢釋種，而為說釋種種姓因緣，並為說法令其見佛之相好，使引其師來皈依悟道及令悔過。

〈梵動經第二十一〉，佛因諸比丘在講堂共議善念極毀三寶，梵摩極讚三寶，故告以勿念勿喜，並說寡聞凡夫不達深義，惟知讚佛持戒等小因緣；賢聖弟子則能讚佛甚深微妙大光明法，謂佛善知沙門婆羅門本劫本見、末劫末見、盡入六十二見之中，因而詳說六十二見。

〈種德經第二十二〉，佛讚許種德所說婆羅門出生等五法中，惟持戒智慧二者為不可缺，進而為說比丘的戒慧二法，令使皈依受五戒法。

〈究羅檀頭經第二十三〉，敘佛為婆羅門究羅檀頭說三種祭祀、十六祀具之大祀法，及歸、戒、慈心、出家修道功德等，令其皈戒供佛、證果、生不還天。

〈堅固經第二十四〉，堅固長者子三請佛陀教敕比丘現神足通，佛說惟教弟子空閑靜處默然思道，覆藏功德，發露過失，終不教弟子顯現神通，以現神足能起謗故。

〈倮形梵志經第二十五〉，佛為倮形梵志迦葉說法行亦有善惡二趣，皆非出離要道；惟佛善能說法，令人修道致究竟涅槃。

〈三明經第二十六〉，佛為二梵志弟子破斥三明婆羅門所說梵道的虛妄，並說四無量為真正梵道。

〈沙門果經第二十七〉，佛為阿闍世王說沙門現在所修現得果報，使王懺悔害父之罪，並供佛受皈戒等事。

〈布吒婆樓經第二十八〉，破斥布吒婆樓梵志所說相違論，以顯示想的生滅是有因有緣的實相論。

〈露遮經第二十九〉，敘述露遮婆羅門見佛請佛而生惡見，謂沙門婆羅門不應為他說法。佛應供時為說世有三師等破斥之。

第四分，即〈世記經第三十〉，共五卷、十二品，詳述六道眾生所居世界成敗劫數等相。

# 總目錄



## 【總目錄】

# 佛說長阿含經

後秦　佛陀耶舍共竺佛念譯

## 【第一冊目錄】

## 【第二冊目錄】

## 【第三冊目錄】

## 第四分

隨身佛典

# 長阿含經

## 第一冊

卷一～卷五

後秦佛陀耶舍共竺佛念　譯

# ◉目錄〔第一冊〕

# 長阿含經

後秦佛陀耶舍共竺佛念　譯

# 長阿含經序

長安釋僧肇述

夫宗極絕於稱謂，賢聖以之沖默；玄旨非言不傳，釋迦所以致教。是以如來出世，大教有三：約身口，則防之以禁律；明善惡，則導之以契經；演幽微，則辨之以法相。然則三藏之作也，本於殊應，會之有宗，則異途同趣矣！

禁律，律藏也，四分十誦。法相，阿毗曇藏也，四分五誦。契經，四阿含藏也。增一阿含四分八誦，中阿含四分五誦，雜阿含四分十誦；此長阿含四分四誦，合三十經以為一部。

阿含，秦言法歸。法歸者，蓋是萬善之淵府，總持之林苑。其為典也，淵博弘富，韞而彌廣；明宣禍福賢愚之迹，剖判真偽異齊之原，歷記古今成敗之數，墟域二儀品物之倫；道無不由，法無不在。譬彼巨海，百川所歸，故以法歸為名。開析修途，所記長遠，故以長為目。翫茲典者，長迷頓曉。邪正難辨，顯如晝夜；報應冥昧，照若影響。劫數雖遼，近猶朝夕；六合雖曠，現若目前。斯可謂朗大明於幽室，惠五目於眾瞽，不闚戶牖，而智無不周矣！

大秦天王，滌除玄覽，高韻獨邁，恬智交養，道世俱濟，每懼微言翳於殊俗。以右將軍使者司隸校尉晉公姚爽，質直清柔，玄心超詣，尊尚大法，妙悟自然，上特留懷，每任以法事。以弘始十二年歲次，上章閹茂，請罽賓三藏沙門佛陀耶舍出律藏一分四十五卷，十四年訖。十五年歲次，昭陽赤奮若出此長阿含訖。涼州沙門佛忘為譯，秦國道士道含筆受。時集京夏名勝沙門，於第校定，恭承法言，敬受無差，蠲華崇朴，務存聖旨。余以嘉遇，猥參聽次，雖無翼善之功，而預親承之末，故略記時事，以示來賢焉。

# 佛說長阿含經卷第一

後秦弘始年佛陀耶舍共竺佛念譯

## (一)第一分初大本經第一

如是我聞：一時，佛在舍衛國祇樹花林窟，與大比丘眾千二百五十人俱。

時諸比丘於乞食後集花林堂，各共議言：「諸賢比丘！唯無上尊為最奇特，神通遠達威力弘大，乃知過去無數諸佛，入於涅槃，斷諸結使，消滅戲論。又知彼佛劫數多少，名號、姓字，所生種族，其所飲食，壽命脩短，所更苦樂。又知彼佛有如是戒，有如是法，有如是慧，有如是解，有如是住。云何，諸賢！如來為善別法性知如是事，為諸天來語乃知此事？」

爾時世尊在閑靜處，天耳清淨聞諸比丘作如是議，即從座起詣花林堂，就座而坐。爾時世尊知而故問，謂諸比丘：「汝等集此，何所語議？」

時諸比丘具以事答。

爾時世尊告諸比丘：「善哉！善哉！汝等以平等信，出家修道，諸所應行，凡有二業：一曰、賢聖講法，二曰、賢聖默然。汝等所論，正應如是。如來神通威力弘大，盡知過去無數劫事，以能善解法性故知，亦以諸天來語故知。」

佛時頌曰：

比丘集法堂，講說賢聖論；如來處靜室，天耳盡聞知。
佛日光普照，分別法界義；亦知過去事，三佛般泥洹。
名號姓種族，受生分亦知；隨彼之處所，淨眼皆記之。
諸天大威力，容貌甚端嚴；亦來啟告我，三佛般泥洹。
記生名號姓，哀鸞音盡知；無上天人尊，記於過去佛。

又告諸比丘：「汝等欲聞如來識宿命智，知於過去諸佛因緣不？我當說之。」

時諸比丘白⊙佛言：「世尊！今正是時，願樂欲聞。善哉！世尊！以時講說，當奉行之。」

佛告諸比丘：「諦聽！諦聽！善思念之，吾當為汝分別解說。」

時諸比丘受教而聽。

佛告諸比丘：「過去九十一劫，時世有佛名毘婆尸如來、至真，出現于世。復次，比丘！過去三十一劫，有佛名尸棄如來、至真，出現於世。復次，比丘！即彼三十一劫中，有佛名毘舍婆如來、至真，出現於世。復次，比丘！此賢劫中有佛名拘樓孫，又名拘那含，又名迦葉。我今亦於賢劫中成最正覺。」

佛時頌曰：

過九十一劫，　有毘婆尸佛；　次三十一劫，　有佛名尸棄；
即於彼劫中，　毘舍如來出。　今此賢劫中，　無數那維歲；
有四大仙人，　愍衆生故出，　拘樓孫那含，　迦葉釋迦文。

「汝等當知，毘婆尸佛時，人壽八萬歲。尸棄佛時，人壽七萬歲。毘舍婆佛時，人壽六萬歲。拘樓孫佛時，人壽四萬歲。拘那含佛時，人壽三萬歲。迦葉佛時，人壽二萬歲。我今出世，人壽百歲，少出多滅。」

佛時頌曰：

毘婆尸時人，　壽八萬四千；　尸棄佛時人，　壽命七萬歲；
毘舍婆時人，　壽命六萬歲；　拘樓孫時人，　壽命四萬歲；

拘那含時人，　壽命三萬歲；　迦葉佛時人，　壽命二萬歲；
如我今時人，　壽命不過百。

「毘婆尸佛，出剎利種，姓拘利若；尸棄佛、毘舍婆佛，種、姓亦爾。拘樓孫佛，出婆羅門種，姓迦葉；拘那含佛、迦葉佛，種、姓亦爾。我今如來、至真，出剎利種，姓名曰瞿曇。」

佛時頌曰：

毘婆尸如來，　尸棄毘舍婆，　此三等正覺，　出拘利若姓。
自餘三如來，　出于迦葉姓。　我今無上尊，　導御諸眾生；
天人中第一，　勇猛姓瞿曇。　前三等正覺，　出於剎利種；
其後三如來，　出婆羅門種；　我今無上尊，　勇猛出剎利。

「毘婆尸佛坐波波羅樹下成最正覺，尸棄佛坐分陀利樹下成最正覺，毘舍婆佛坐娑羅樹下成最正覺，拘樓孫佛坐尸利沙樹下成最正覺，拘那含佛坐烏暫婆羅門樹下成最正覺，迦葉佛坐尼拘*類樹下成最正覺。我今如來、至真，坐鉢多樹下成最正覺。」

佛時頌曰：

毘婆尸如來，　往詣波羅樹；　即於彼處所，　得成最正覺。
尸棄分陀樹，　成道滅有原。　毘舍婆如來，　坐娑羅樹下；
獲解脫知見，　神足無所礙。　拘樓孫如來，　坐尸利沙樹；
一切智清淨，　無染無所著。　拘那含*牟尼，　坐烏暫樹下；
即於彼處所，　滅諸貪憂惱。　迦葉如來坐，　尼拘*類樹下；

即於彼處所，　除滅諸有本。　我今釋迦文，　坐於鉢多樹。
如來十力尊，　斷滅諸結使；　摧伏衆魔怨，　在衆演大明。
七佛精進力，　放光滅闇冥；　各各坐諸樹，　於中成正覺。

「毘婆尸如來三會說法，初會弟子有十六萬八千人，二會弟子有十萬人，三會弟子有八萬人。尸棄如來亦三會說法，初會弟子有十萬人，二會弟子有八萬人，三會弟子有七萬人。毘舍婆如來二會說法，初會弟子有七萬人，次會弟子有六萬人。拘樓孫如來一會說法，弟子四萬人。拘那含如來一會說法，弟子三萬人。迦葉如來一會說法，弟子二萬人。我今一會說法，弟子千二百五十人。」

佛時頌曰：

毘婆尸名觀，智慧不可量；
遍見無所畏，三會弟子衆。
尸棄光無動，能滅諸結使；
無量大威德，無能測量者；
彼佛亦三會，弟子普共集。
毘舍婆斷結，大仙人要集；
名聞於諸方，妙法大名稱；
二會弟子衆，普演深奧義。
拘樓孫一會，哀愍療諸苦；
導師化衆生，一會弟子衆。
拘那含如來，無上亦如是；
紫磨金色身，容貌悉具足；
一會弟子衆，普演微妙法。
迦葉一一毛，一心無亂想；
一語不煩重，一會弟子衆。
能仁意寂滅，釋種沙門上；
天中天最尊，我一會弟子。
彼會我現義，演布清淨教；
心常懷歡喜，漏盡盡後有。
毘婆尸棄三，毘舍婆佛二，

四佛各各一，　仙人會演說。

「時毘婆尸佛有二弟子：一名騫*茶，二名提舍，諸弟子中最為第一。尸棄佛有二弟子：一名阿毘浮，二名三婆婆，諸弟子中最為第一。毘舍婆佛有二弟子：一名扶遊，二名鬱多摩，諸弟子中最為第一。拘樓孫佛有二弟子：一名薩尼，二名毘樓，諸弟子中最為第一。拘那含佛有二弟子：一名舒槃那，二名鬱多樓，諸弟子中最為第一。迦葉佛有二弟子：一名提舍，二名婆羅婆，諸弟子中最為第一。今我二弟子：一名舍利弗，二名目揵連，諸弟子中最為第一。」

佛時頌曰：

騫*茶提舍等，　毗婆尸弟子；　阿毗浮三婆，　尸棄佛弟子扶遊鬱多摩，　弟子中第一，　二俱降魔怨，　毗舍婆弟子。
薩*尼毗樓等，　拘樓孫弟子；　舒槃鬱多樓，　拘那含弟子；
提舍婆羅婆，　迦葉佛弟子；　舍利弗目連，　是我第一子。

「毗婆尸佛有執事弟子，名曰無憂。尸棄佛執事弟子，名曰忍行。毗舍婆佛有執事弟子，名曰寂滅。拘樓孫佛有執事弟子，名曰善覺。拘那含佛有執事弟子，名曰安和。迦葉佛有執事弟子，名曰善友。我執事弟子，名曰阿難。」

佛時頌曰：

無憂與忍行，　寂滅及善覺，　安和善友等，　阿難為第七。
此為佛侍者，　具足諸義趣；　晝夜無放逸，　自利亦利他。

此七賢弟子，　侍七佛左右；　歡喜而供養，　寂然歸滅度。

「毗婆尸佛有子，名曰方膺。尸棄佛有子，名曰無量。毗舍婆佛有子，名曰妙覺。拘樓孫佛有子，名曰上勝。拘那含佛有子，名曰導師。迦葉佛有子，名曰集軍。今我有子，名曰羅睺羅。」

佛時頌曰：

方膺無量子，　妙覺及上勝，　導師集軍等，　羅睺羅第七。
此諸豪貴子，　紹繼諸佛種；　愛法好施惠，　於聖法無畏。

「毗婆尸佛父名槃頭，剎利王種，母名槃頭婆提，王所治城名曰槃頭婆提。」

佛時頌曰：

遍眼父槃頭，　母槃頭婆提；　槃頭婆提城，　佛於中說法。

「尸棄佛父名曰明相，剎利王種，母名光曜，王所治城名曰光相。」

佛時頌曰：

尸棄父明相，　母名曰光曜；　於*光相城中，　威德降外敵。

「毗舍婆佛父名善燈，剎利王種，母名稱戒，王所治城名曰無喻。」

佛時頌曰：

毗舍婆佛父，　善燈剎利種；　母名曰稱戒，　城名曰無喻。

「拘樓孫佛父名祀得，婆羅門種，母名善枝，王名安和，隨王名故城名安和。」

佛時頌曰：

祀得婆羅門，　母名曰善枝；　王名曰安和，　居在安和城。

「拘那含佛父名大德，婆羅門種，母名善勝，是時王名清淨，隨王名故城名清淨。」

佛時頌曰：

大德婆羅門，　母名曰善勝；　王名曰清淨，　居在清淨城。

「迦葉佛父名曰梵德，婆羅門種，母名曰財主，時王名汲毗，王所治城名波羅㮈。」

佛時頌曰：

梵德婆羅門，　母名曰財主；　時王名汲毗，　在波羅㮈城。

「我父名淨飯，剎利王種，母名*大化☆，王所治城名迦毗羅衛。」

佛時頌曰：

父刹利淨飯，　母名*曰大化☆；　土廣民豐饒，　我從彼而生。

「此是諸佛因緣、名號、種族、所出生處，何有智者聞此因緣而不歡喜，起愛樂心！」

爾時世尊告諸比丘：「吾今欲以宿命智說過去佛事，汝欲聞不？」

諸比丘對曰：「今正是時，願樂欲聞！」

佛告諸比丘：「諦聽！諦聽！善思念之，吾當為汝分別解說。比丘！當知諸佛常法。毗婆尸菩薩從兜率天降神母胎，從右脇入，正念不亂。當於爾時地為震動，放大光明普照世界，日月所不及處皆蒙大明，幽冥眾生各相覩見，知其所趣。時此光明復照魔宮，諸天、釋、梵、沙門、婆羅門及餘衆生普蒙大明，諸天光明自然不現。」

佛時頌曰：

密雲聚虛空，　電光照天下，　毗婆尸降胎，　光明照亦然；
日月所不及，　莫不蒙大明，　處胎淨無穢，　諸佛法皆然。

「諸比丘！當知諸佛常法：毗婆尸菩薩在母胎時，專念不亂，有四天子，◎手執戈矛侍護其*母，人與非人不得侵嬈，此是常法。」

佛時頌曰：

四方四天子，　有名稱威德，　天帝釋所遣，　善守護菩薩。
手常執戈矛，　衛護不去離，　人非人不嬈，　此諸佛常法。
天神所擁護，　如天女衛天，　眷屬懷歡喜，　此諸佛常法。

又告比丘：「諸佛常法：毗婆尸菩薩從兜率天降神母胎，專念不亂，母身安隱，無眾惱患，智慧增益。母自觀胎，見菩薩身諸根具足，如紫磨金無有瑕穢。猶如有目之士觀淨琉璃，內外清徹無眾障翳。諸比丘！此是諸佛常法。」

爾時世尊而說偈言：

如淨琉璃珠，　其明如日月；　仁尊處母胎，　其母無惱患。
智慧為增益，　觀胎如金像；　母懷妊安樂，　此諸佛常法。

佛告比丘：「毗婆尸菩薩從兜率天降神母胎，專念不亂，母心清淨，無眾欲想，不為婬火之所燒然，此是諸佛常法。」

爾時世尊而說偈言：

菩薩住母胎，　天終天福成；　其母心清淨，　無有衆欲想。

捨離諸婬欲，　不染不親近；　不為欲火燃，　諸佛母常淨。

佛告比丘：「諸佛常法：毗婆尸菩薩從兜率天降神母胎，專念不亂，其母奉持五戒。梵行清淨篤信仁愛，諸善成就安樂無畏，身壞命終生忉利天，此是常法。」

爾時世尊而說偈言：

持人中尊身，　精進戒具足，　後必受天身，　此緣名佛母。

佛告比丘：「諸佛常法：毗婆尸菩薩當其生時，從右脇出，地為震動，光明普照。始入胎時，闇冥之處，無不蒙明，此是常法。」

爾時世尊而說偈言：

太子生地動，　大光靡不照，　此界及餘界，　上下與諸方。
放光施淨目，　具足於天身，　以歡喜淨音，　轉稱菩薩名。

佛告比丘：「諸佛常法：毗婆尸菩薩當其生時，從右脇出，專念不亂。時菩薩母手攀樹枝，不坐不臥。時四天子手*捧香水，於母前立言：『唯然，天母！今生聖子，勿懷憂慼。』此是常法。」

爾時世尊而說偈言：

佛母不坐臥，　住戒修梵行；　生尊不懈怠，　天人所奉侍。

佛告比丘：「諸佛常法：毘婆尸菩薩當其生時，從右脇出，專念不亂，其身清淨，不為穢惡之所汙染。猶如有目之士，以淨明珠投白繒上，兩不相汙，二俱淨故。菩薩出胎亦復如是，此是常法。」

爾時世尊而說偈言：

猶如淨明珠，　投繒不染汙；　菩薩出胎時，　清淨無染汙。

佛告比丘：「諸佛常法：毗婆尸菩薩當其生時，從右脇出，專念不亂。從右脇出，墮地行七步，無人扶*持，遍觀四方，舉手而言：『天上天下，唯我為尊，要度衆生生老病死。』此是常法。」

爾時世尊而說偈言：

猶如師子步，　遍觀於四方；　墮地行七步，　人師子亦然。

又如大龍行，　遍觀於四方；　墮地行七步，　人龍亦復然。

兩足尊生時，　安行於七步；　觀四方舉聲，　當盡生死苦。

當其初生時，　無等等與等，　自觀生死本，　此身最後邊。

佛告比丘：「諸佛常法：毗婆尸菩薩當其生時，從右脇出，專念不亂，二泉湧出，一溫一冷，以供澡浴，此是常法。」

爾時世尊而說偈言：

兩足尊生時，　二泉自涌出；　以供菩薩用，　遍眼浴清淨。
二泉自涌出，　其水甚清淨；　一溫*一清冷，　以浴一切智。

「太子初生，父王槃頭召集相師及諸道術，令觀太子，知其吉凶。時諸相師受命而觀，即前披衣，見有具相，占曰：『有此相者，當趣二處，必然無疑。若在家者，當為轉輪聖王，王四天下，四兵具足，以正法治，無有偏枉，恩及天下，七寶自至，千子勇健，能伏外敵，兵*仗不用，天下太平。若出家學道，當成正覺，十號具足。』

「時諸相師即白王言：『王所生子，有三十二相，當趣二處，必然無疑。在家當為轉輪聖王；若其出家，當成正覺，十號具足。』」

佛時頌曰：

百福太子生，相師之所*說，如典記所載，趣二處無疑。
若其樂家者，當為轉輪王，七寶難可獲，為王寶自至。
真金千輻具，周匝金輞持，轉能飛遍行，故名為天輪。
善調七*支住，高廣白如雪，能善飛虛空，名第二象寶。
馬行周天下，朝去暮還食，朱髦孔雀咽，名為第三寶。
清淨琉璃珠，光照一由旬，照夜明如晝，名為第四寶。
色聲香味觸，無有與等者，諸女中第一，名為第五寶。

獻王琉璃寶，　珠玉及眾珍，　歡喜而貢奉，　名為第六寶。
如轉輪王念，　軍眾速來去，　*捷疾如王意，　名為第七寶。
此名為七寶，　輪象馬純白，　居士珠女寶、　典兵寶為七。
觀此無有厭，　五欲自娛樂，　如象斷鞙靽，　出家成正覺。
王有如是子，　二足人中尊，　處世轉法輪，　道成無懈怠。

「是時父王殷懃再三，重問相師：『汝等更觀太子三十二相，斯名何等？』時諸相師即披太子衣，說三十二相：『一者、足安平，足下平滿，蹈地安隱。二者、足下相輪，千輻成就，光光相照。三者、手足網縵，猶如鵝王。四者、手足柔軟，猶如天衣。五者、手足指纖，長無能及者。六者、足跟充滿，觀視無厭。七者、鹿膞腸，上下𦟛直。八者、鉤鎖骨，骨節相鉤，猶如鎖連。九者、陰馬藏。十者、平立垂手過膝。十一、一一毛孔一毛生，其毛右旋，紺琉璃色。十二、毛生右旋，紺色仰靡。十三、身黃金色。十四、皮膚細軟，不受塵穢。十五、兩肩齊亭，充滿圓好。十六、胸有萬字。十七、身長倍人。十八、七處平滿。十九、身長廣等，如尼拘*類樹。二十、頰車如師子。二十一、胸膺方整如師子。二十二、口四十齒。二十三、方整齊平。二十四、齒密無間。二十五、齒白鮮明。二十六、咽喉清淨，所食衆味，無不稱適。二十七、廣長舌，左右舐耳。二十八、梵音清徹。二十九、眼紺青色。三十、眼如牛王，眼上下俱眴。三十一、眉間白毫柔軟細澤，引長一尋，放則右旋螺如真珠。三十二、頂有肉髻。是為三十二相。』」

即說頌曰：

善住柔軟足，不蹈地跡現。千輻相莊嚴，光色靡不具。
如尼*拘類樹，縱廣正平等。如來未曾有，祕密馬陰藏。
金寶莊嚴身，衆相互相暎。雖順俗流行，塵土亦不汙。
天色極柔軟，天蓋自然覆。梵音身紫金，如華始出池。
王以問相師，相師敬報王。稱讚菩薩相，舉身光明具。
手足諸支節，中外靡不現，食味盡具足，身正不傾斜。
足下輪相現，其音如哀鸞。膸胜形相具，宿業之所成。
臂肘圓滿好，眉目甚端嚴。人中師子尊，威力最第一。

其頻車方整，臥脇如師子。齒方整四十，齊密中無間。
梵音未曾有，遠近隨緣到。平立不傾身，二手摩捫膝。
手齊整柔軟，人尊美相具。一孔一毛生，手足網縵相。
肉髻目紺青，眼上下俱眴。兩肩圓充滿，三十二相具。
足跟無高下，鹿膊腸纖傭。天中天來此，如象絕羇靽；
解脫衆生苦，處生老病死。以慈悲心故，為說四真諦；
開演法句義，令衆奉至尊。

佛告比丘：「毗婆尸菩薩生時，諸天在上，於虛空中手執白蓋寶扇，以障寒暑、風雨、塵土。」

佛時頌曰：

人中未曾有，　生於二足尊；　諸天懷敬養，　奉寶蓋寶扇。

「爾時父王給四乳母：一者、乳哺，二者、澡浴，三者、塗香，四者、娛樂。歡喜養育，無有懈倦。」

於是頌曰：

乳母有慈愛，　子生即*育養；　一乳哺一浴，　二塗香娛樂。

世間最妙香，　以塗人中尊。

「為童子時，舉國士女視無厭足。」

於是頌曰：

多人所敬愛，　如金像始成；　男女共諦觀，　視之無厭足。

「為童子時，舉國士女眾共*懷抱，如觀寶華。」

於是頌曰：

二足尊生時，　多人所敬愛；　展轉共*懷抱，　如觀寶花香。

「菩薩生時，其目不眴，如忉利天，以不眴故，名毗婆尸。」

於是頌曰：

天中天不眴，　猶如忉利天；　見色而正觀，　故號毗婆尸。

「菩薩生時，其聲清徹柔軟和雅，如迦羅頻伽鳥聲。」

於是頌曰：

猶如雪山鳥，　飲華汁而鳴；　其彼二足尊，　聲清徹亦然。

「菩薩生時，眼能徹視見一由旬。」

於是頌曰：

清淨業行報，　受天妙光明；　菩薩目所見，　周遍一由旬。

「菩薩生時，年漸長大，在*大正堂，以道開化，恩及庶民，名德遠聞。」

於是頌曰：

童幼處正堂，　以道化天下；　決斷衆事務，　故號毗婆尸。

清淨智廣博，　甚深猶大海；　悅可於群生，　使智慧增廣。

「於時菩薩欲出遊觀，告勑御者嚴駕寶車，詣彼園林，巡行遊觀。御者即便嚴駕訖已，還白：『今正是時。』太子即乘寶車詣彼園觀。於其中路見一老人，頭白齒落，面皺身僂，拄杖羸步，喘息而行。太子顧問侍者：『此為何人？』答曰：『此是老人。』又問：『何如為老？』答曰：『夫老者生壽向盡，餘命無幾，故謂之老。』太子又問：『吾亦當爾，不免此患耶？』答曰：『然！生必有老，無有豪賤。』於是太子悵然不悅，即告侍者迴駕還宮，靜默思惟，念此老苦，吾亦當有。」

佛於是頌曰：

見老命將盡，　拄杖而羸步；
菩薩自思惟，　吾未免此難。

「爾時父王問彼侍者：『太子出遊，歡樂不耶？』答曰：『不樂。』又問其故，答曰：『道逢老人，是以不樂。』爾時父王默自思念：『昔日相師占相太子，言當出家，今者不悅，得無爾乎？當設方便使處深宮，五欲娛樂以悅其心，令不出家。』即便嚴飾宮館，簡擇婇女以娛樂之。」

佛於是頌曰：

父王聞此言，　方便嚴宮館；　增益以五欲，　欲使不出家。

「又於後時，太子復命御者嚴駕出遊。於其中路逢一病人，身羸腹大，面目黧黑，獨臥糞*穢，無人瞻視，病甚苦毒，口不能言。顧問御者：『此為何人？』答曰：『此是病人。』問曰：『何如為病？』答曰：『病者，衆痛迫切，存亡無期，故曰病也。』又曰：『吾亦當爾，未免此患耶？』答曰：『然！生則有病，無有貴賤。』於是太子悵然不悅，即告御者迴車還宮。靜默思惟，念此病苦，吾亦當爾。」

佛於是頌曰：

見彼久病人，　顏色為衰損；　靜默自思惟，　吾未免此患。

「爾時父王復問御者：『太子出遊，歡樂不耶？』答曰：『不樂。』又問其故，答曰：『道逢病人，是以不樂。』於是父王默然思惟：『昔日相師占相太子，言當出家，今日不悅，得無爾乎？吾當更設方便，增諸伎樂以悅其心，使不出家。』即復嚴飾宮館，簡擇婇女以娛樂之。」

佛於是頌曰：

色聲香味觸，　微妙可悅樂，　菩薩福所致，　故娛樂其中。

「又於異時，太子復勅御者嚴駕出遊。於其中路逢一死人，雜色繒幡前後導引，宗族親里悲號哭泣，送之出城。太子復問：『此為何人？』答曰：『此是死人。』問曰：『何如為死？』答曰：『死者，盡也。風先火次，諸根壞敗，存亡異趣，室家離別，故謂之死。』太子又問御者：『吾亦當爾，不免此患耶？』答曰：『然！生必有死，無有貴賤。』於是太子悵然不悅，即告御者迴車還宮，靜默思惟，念此死苦，吾亦當然。」

佛時頌曰：

始見有人死，　知其復更生；　靜默自思惟，　吾未免此患。

「爾時父王復問御者：『太子出遊，歡樂不耶？』答曰：『不樂。』又問其故，答曰：『道逢死人，是故不樂。』於是父王默自思念：『昔日相師占相太子，言當出家，今日不悅，得無爾乎？吾當更設方便，增諸伎樂以悅其心，使不出家。』即復嚴飾宮館，簡擇婇女以娛樂之。」

佛於是頌曰：

童子有名稱，　婇女衆圍遶；五欲以自娛，　如彼天帝釋。

「又於異時，復勑御者嚴駕出遊，於其中路逢一沙門，法服持鉢，視地而行。即問御者：『此為何人？』御者答曰：『此是沙門。』又問：『何謂沙門？』答曰：『沙門者，捨離恩愛出家修道，攝御諸根不染外欲，慈心一切無所傷害，逢苦不慼遇樂不欣，能忍如地故號沙門。』太子曰：『善哉！此道真正永絕塵累，微妙清虛*唯是為快。』即勑御者迴車就之。

「爾時太子問沙門曰：『剃除鬚髮，法服持鉢，何所志求？』沙門答曰：『夫出家者，欲調伏心意永離塵垢，慈育群生無所侵嬈，虛心靜寞唯道是務。』太子曰：『善哉！此道最真。』尋勑御者：『賷吾寶衣并及乘轝，還白大王，我即於此剃除鬚髮，服三法衣，出家修道。所以然者，欲調伏心意捨離塵垢，清淨自居以求道術。』於是御者即以太子所乘寶車及與衣服還歸父王。太子於後即剃除鬚髮，服三法衣，出家修道。」

佛告比丘：「太子見老、病人，知世苦惱；又見死人，戀世情滅；及見沙門，廓然大悟。下寶車時，步步中間轉遠縛著，是真出家，是真遠離。時彼國人聞太子剃除鬚髮，法服持鉢，出家修道，咸相謂言：『此道必真，乃令太子捨國榮位，捐棄所重。』于時國中八萬四千人往就太子，求為弟子，出家修道。」

佛時頌曰：

*選擇深妙法，　彼聞隨出家；　離於恩愛獄，　無有衆結縛。

「于時太子即便納受，與之遊行，在在教化。從村至村，從國至國，所至之處，無不恭敬四事供養。菩薩念言：『吾與大衆遊行諸國，人間憒鬧此非我宜。何時當得離此羣衆，閑靜之處以求道真，尋獲志願，於閑靜處專精修道？』復作是念：『衆生可愍，常處闇冥，受身危脆，有生、有老、有病、有死。衆苦所集，死此生彼，從彼生此。緣此苦陰，流轉無窮，我當何時曉了苦陰，滅生、老、死？』

「復作是念：『生死何從？何緣而有？』即以智慧觀察所由，從生有老死，生是老死緣；生從有起，有是生緣；有從取起，取是有緣；取從愛起，愛是取緣；愛從受起，受是愛緣；受從觸起，觸是受緣；觸從六入起，六入是觸緣；六入從名色起，名色是六入緣；名色從識起，識是名色緣；識從行起，行是識緣；行從癡起，癡是行緣。是為緣癡有行，緣行有識，緣識有名色，緣名色有六入，緣六入有觸，緣觸有受，緣受有愛，緣愛有取，緣取有有，緣有有生，緣生有老、病、死、憂悲苦惱。此苦盛陰緣生而有，是為苦集。菩薩思惟苦集陰時，生智、生眼、生覺、生明、生通、生慧、生證。

「於時菩薩復自思惟：何等無故老死無？何等滅故老死滅？即以

智慧觀察所由，生無故老死無，生滅故老死滅；有無故生無，有滅故生滅；取無故有無，取滅故有滅；愛無故取無，愛滅故取滅；受無故愛無，受滅故愛滅；觸無故受無，觸滅故受滅；六入無故觸無，六入滅故觸滅；名色無故六入無，名色滅故六入滅；識無故名色無，識滅故名色滅；行無故識無，行滅故識滅；癡無故行無，癡滅故行滅。是為癡滅故行滅，行滅故識滅，識滅故名色滅，名色滅故六入滅，六入滅故觸滅，觸滅故受滅，受滅故愛滅，愛滅故取滅，取滅故有滅，有滅故生滅，生滅故老、死、憂悲苦惱滅。菩薩思惟苦陰滅時，生智、生眼、生覺、生明、生通、生慧、生證。爾時菩薩逆順觀十二因緣，如實知、如實見已，即於座上成阿耨多羅三藐三菩提。」

佛時頌曰：

此言衆中說，　汝等當善聽，　過去菩薩觀，　本所未聞法。
老死從何緣？　因何等而有？　如是正觀已，　知其本由生。
生本由何緣？　因何事而有？　如是思惟已，　知生從有起。
取彼取彼已，　展轉更增有；　是故如來說，　取是有因緣。
如衆穢惡聚，　風吹惡流演；　如是取相因，　因愛而廣普。
愛由於受生，　起苦羅網本；　以染著因緣，　苦樂共相應。
受本由何緣？　因何而有受？　*如是思惟已，　知受由觸生。
觸本由何緣？　因何而有觸？　如是思惟已，　觸由六入生。
六入本何緣？　因何有六入？　如是思惟已，　六入名色生。

名色本何緣？因何有名色？如是思惟已，名色從識生。
識本由何緣？因何而有識？如是思惟已，知識從行生。
行本由何緣？因何而有行？如是思惟已，知行從癡生。
如是因緣者，名為實義因，智慧方便觀，能見因緣根。
苦非賢聖造，亦非無緣有，是故變易苦，智者所斷除。
若無明滅盡，是時則無行；若無有行者，則亦無有識；
若識永滅者，亦無有名色；名色既已滅，即無有諸入；
若諸入永滅，則亦無有觸；若觸永滅者，則亦無有受；
若受永滅者，則亦無有愛；若愛永滅者，則亦無有取；
若取永滅者，則亦無有有；若有永滅者，則亦無有生；

若生永滅者，無老病苦陰；一切都永盡，智者之所說。
十二緣甚深，難見難識知；唯佛能善覺，因是有是無。
若能自觀察，則無有諸入；深見因緣者，更不外求師。
能於陰界入，離欲無染者；堪受一切施，淨報施者恩。
若得四辯才，獲得決定證；能解衆結縛，斷*陰無放逸。
色受想行識，猶如朽故車；能諦觀此法，則成等正覺。
如鳥遊虛空，東西隨風遊；菩薩斷衆結，如風靡輕衣。
毗婆尸閑靜，觀察於諸法；老死何緣有？從何而得滅？
彼作是觀已，生清淨智慧；知老死由生，生滅老死滅。

「毗婆尸佛初成道時，多修二觀：一曰安隱觀，二曰出離觀。」

佛於是頌曰：

如來無等等，多修於二觀；安隱及出離，仙人度彼岸。
其心得自在，斷除衆結使；登山觀四方，故號毘婆尸。
大智光除冥，如以鏡自照；為世除憂惱，盡生老死苦。

「毗婆尸佛於閑靜處復作是念：『我今已得此無上法，甚深微妙難解難見，息滅清淨智者所知，非是凡愚所能及也。斯由衆生異忍、異見、異受、異學，依彼異見，各樂所求，各務所習。是故於此甚深因緣不能解了，然愛盡涅槃倍復難知，我若為說，彼必不解，更生觸擾。』作是念已，即便默然不復說法。

「時梵天王知毗婆尸如來所念，即自思惟：『*今此世間便為敗壞，甚可哀愍。毗婆尸佛乃得*如此深妙之法，而不欲說。』譬如力士屈伸臂頃，從梵天宮忽然來下，立於佛前，頭面禮足，却住一面。時梵天王右膝著地，叉手合掌白佛言：『唯願世尊以時說法！今此眾生塵垢微薄，諸根猛利，有恭敬心，易可開化，畏怖後世無救之罪，能滅惡法，出生善道。』

「佛告梵王：『如是！如是！如汝所言。但我於閑靜處默自思念：所得正法甚深微妙，若為彼說，彼必不解，更生觸擾，故我默然不欲說法。我從無數阿僧祇劫，勤苦不懈修無上行，今始獲此難得之法，若為婬、怒、癡眾生說者，必不承用徒自勞疲。此法微妙與世相反，眾生染欲愚冥所覆，不能信解。梵王！我觀如此，是以默然不欲說法。』

「時梵天王復重勸請，殷懃懇惻，至于再三：『世尊！若不說法，今此世間便為壞敗，甚可哀愍。唯願世尊以時敷演，勿使眾生墜落餘趣！』爾時世尊三聞梵王殷勤勸請，即以佛眼觀視世界，眾生垢有厚薄，根有利鈍，教有難易。易受教者畏後世罪，能滅惡法，出生善道。譬如優鉢羅花、鉢頭摩華、鳩勿頭華、分陀利華，或有始出汙泥未至水者，或有已出與水平者，或有出水未敷開者，然皆不為水所染著，易可開敷。世界眾生，亦復如是。

「爾時世尊告梵王曰：『吾愍汝等，今當開演甘露法門，是法深妙難可解知，今為信受樂聽者說，不為觸擾無益者說。』

「爾時梵王知佛受請，歡喜踊躍，遶佛三匝，頭面禮足，忽然不現。其去未久，是時如來靜默自思：『我今先當為誰說法？』即自念言：『當入槃頭城內，先為王子提舍、大臣子騫*荼開甘露法門。』於是世尊如力士屈伸臂頃，於道樹忽然不現，至槃頭城槃頭王鹿野苑中，敷座而坐。」

佛於是頌曰：

如師子在林，　自恣而遊行；
彼佛亦如是，　遊行無罣礙。

「毘婆尸佛告守苑人曰：『汝可入城，語王子提舍、大臣子騫*荼：寧欲知不？毘婆尸佛今在鹿野苑中，欲見卿等，宜知是時。』時彼守苑人受教而行，至彼二人所，具宣佛教。二人聞已即至佛所，頭面禮足却坐一面。佛漸為說法，示教利喜：施論、戒論、生天之論，欲惡不淨，上漏為患，讚歎出離為最微妙清淨第一。爾時世尊見此二人心意柔輭，歡喜信樂堪受正法，於是即為說苦聖諦，敷演開解，分布宣釋苦集聖諦、苦滅聖諦、若出要諦。

「爾時王子提舍、大臣子騫*荼即於座上遠*塵離☆垢，得法眼淨，猶若素質易為受染。是時地神即唱斯言：『毗婆尸如來於槃頭城鹿野苑中轉無上法輪，沙門、婆羅門、諸天、魔、梵及餘世人所不能轉。』如是展轉聲徹四天王，乃至他化自在天，須臾之頃聲至梵天。」

佛時頌曰：

歡喜心踊躍，　稱讚於如來，　毘婆尸成佛，　轉無上法輪。

初從樹王起，往詣槃頭城，為鶱*荼提舍，轉四諦法輪。
時鶱*荼提舍，受佛教化已，於淨法輪中，梵行無有上。
彼忉利天衆，及以天帝釋，歡喜轉相告，諸天無不聞。
佛出於世間，轉無上法輪，增益諸天衆，減損阿須倫。
昇仙名普聞，善智離世邊，於諸法自在，智慧轉法輪。
觀察平等法，息心無垢穢，以離生死*厄，智慧轉法輪。
*滅苦☆離諸惡，出欲得自在，離於恩愛獄，智慧轉法輪。
正覺人中尊，二足尊調御，一切縛得解，智慧轉法輪。
教化善導師，能降伏魔怨，彼離於諸惡，智慧轉法輪。
無漏力降魔，諸根定不懈，盡漏離魔縛，智慧轉法輪。

若學決定法，　知諸法無我；　此為法中上，　智慧轉法輪。
不以利養故，　亦不求名譽；　愍彼衆生故，　智慧轉法輪。
見衆生苦厄，　老病死逼迫；　為此三惡趣，　智慧轉法輪。
斷貪瞋恚癡，　拔愛之根原；　不動而解脫，　智慧轉法輪。
難勝我已勝，　勝已自降伏；　已勝難勝魔，　智慧轉法輪。
此無上法輪，　唯佛乃能轉；　諸天魔釋梵，　無有能轉者。
親近轉法輪，　饒益天人衆；　此等天人師，　得度于彼岸。

「是時王子提舍、大臣子騫*荼見法得果，真實無欺，成就無畏，即白毘婆尸佛言：『我等欲於如來法中淨修梵行。』佛言：『善來！比丘！吾法清淨自在，修行以盡苦際。』爾時二人即得具戒。具戒未久，如來又以三事示現：一曰、神足，二曰、觀他心，三曰、教誡，即得無漏心解脫、生死無疑智。

「爾時槃頭城內眾多人民，聞二人出家學道，法服持鉢，淨修梵行，皆相謂曰：『其道必真，乃使此等捨世榮位，捐棄所重。』時城內八萬四千人往詣鹿野苑中毘婆尸佛所，頭面禮足，却坐一面。佛漸為說法，示教利喜：施論、戒論、生天之論，欲惡不淨，上漏為患，讚歎出離為最微妙清淨第一。爾時世尊見此大眾心意柔輭，歡喜信樂，堪受正法，於是即為說苦聖諦，敷演開解，分布宣釋苦集聖諦、苦滅聖諦、苦出要⊙聖諦。

「時八萬四千人即於座上遠塵離垢，得法眼淨，猶如素質易為受色，見法得果，真實無欺，成就無畏，即白佛言：『我等欲於如來法中淨修梵行。』佛言：『善來！比丘！吾法清淨自在，修行以盡苦際。』時八萬四千人即得具戒。具戒未久，世尊以三事教化：一曰、神足，二曰、觀他心，三曰、教誡，即得無漏心解脫，生死無疑智現前。八萬四千人聞佛於鹿野苑中，轉無上法輪，沙門、婆羅門、諸天、魔、梵及餘世人所不能轉，即詣槃頭城毘婆尸佛所，頭面禮足，却坐一面。」

佛時頌曰：

如人救頭燃，　速疾求滅處；
彼人亦如是，　速詣於如來。

「時佛為說法亦復如是。爾時槃頭城有十六萬八千大比丘衆，提舍比丘、騫*荼比丘於大眾中上昇虛空，身出水火，現諸神變，而為大眾說微妙法。爾時如來默自念言：『今此城內乃有十六萬八千大比丘眾，宜遣遊行，各二人俱在在處處，至於六年,還來城內說具足戒。』

「時首陀會天知如來心，譬如力士屈伸臂頃，從彼天沒忽然至此，於世尊前頭面禮足，却住一面，須臾白佛言：『如是！世尊！此槃頭城內比丘眾多，宜各分布處處遊行，至於六年乃還此城，說具足戒，我當擁護，令無伺求得其便者。』爾時如來聞此天語，默然可之。

「時首陀會天見佛默然許可，即禮佛足，忽然不現，還至天上。其去未久，佛告諸比丘：『今此城內比丘眾多，宜各分布遊行教化，至六年已還集說戒。』時諸比丘受佛教已，執持衣鉢，禮佛而去。」

佛時頌曰：

佛悉無亂衆，　無欲無戀著；　威如金翅鳥，　如鶴捨空池。

「時首陀會天於一年後告諸比丘：『汝等遊行已過一年，餘有五年。汝等當知，訖六年已，還城說戒。』如是至於六年，天復告言：『六年已滿，當還說戒。』時諸比丘聞天語已，攝持衣鉢還槃頭城，至鹿野苑毘婆尸佛所，頭面禮足，却坐一面。」

佛時頌曰：

如象善調，　隨意所之；　大衆如是，　隨教而還。

「爾時如來於大衆前上昇虛空，結*跏趺坐，講說戒經：『忍辱為第一，佛說涅槃最，不以除鬚髮害他為沙門。』時首陀會天去佛不遠，以偈頌曰：

如來大智，微妙獨尊，止觀具足，成最正覺。
愍群生故，在世成道，以四真諦，為聲聞說。
苦與苦因，滅苦之諦，賢聖八道，到安隱處。
毘婆尸佛，出現于世，在大衆中，如日光曜。

說此偈已，忽然不現。」

爾時世尊告諸比丘：「我自思念，昔一時於羅閱城耆闍崛山，時生是念：『我所生處無所不遍，唯除首陀會天，設生彼天則不還此。』我時，比丘！復生是念：『我欲至無造天上。時我如壯士屈伸臂頃，於此間沒現於彼天。』時彼諸天見我至彼，頭面作禮於一面立，而白我言：『我等皆是毘婆尸如來弟子，從彼佛化故來生此，具說彼佛因緣本末。又尸棄佛、毘*舍婆佛、拘樓孫佛、拘那含佛、迦葉佛、釋迦牟尼佛皆是我師，我從受化故來生此。』亦說諸佛因緣本末，至生阿迦尼吒諸天，亦復如是。」

佛時頌曰：

譬如力士，　屈伸臂頃，　我以神足，　至無造天。
第七大仙，　降伏二魔，　無熱無見，　叉手敬禮。
如晝度樹，　釋師遠聞，　相好具足，　到善見天。
猶如蓮華，　水所不著，　世尊無染，　至大善見。
如日初出，　淨無塵翳，　明若秋月，　詣一究竟。

此五居處，眾生*行淨，心淨故來，詣無煩惱。
淨心而來，為佛弟子，捨離染取，樂於無取。
見法決定，毘婆尸子，淨心善來，詣大仙人。
尸棄佛子，無垢無為，以淨心來，詣離有尊。
毘*舍婆子，諸根具足，淨心詣我，如日照空。
拘樓孫子，捨離諸欲，淨心詣我，妙光焰盛。
拘那含子，無垢無為，淨心詣我，光如月滿。
迦葉弟子，諸根具足，淨心詣我，⊙如北天念☆。
不亂大仙，神足第一，以堅固心，為佛弟子。
淨心而來，為佛弟子，禮敬如來，具啟人尊。

所生成道，　名姓種族，　知見深法，　成無上道。

比丘靜處，　離于塵垢，　精勤不懈，　斷諸有結。

此是諸佛，　本末因緣，　釋迦如來，　之所演說。

佛說此大因緣經已，諸比丘聞佛所說，歡喜奉行。

## 佛說長阿含經卷第一

# 佛說長阿含經卷第二

後秦弘始年佛陀耶舍共竺佛念譯

## (二)第一分遊行經第二初

如是我聞：一時，佛在羅閱城耆闍崛山中，與大比丘衆千二百五十人俱。

是時摩竭王阿闍世欲伐跋祇，王自念言：「彼雖勇健人衆豪強，以我取彼未足為*難。」

時阿闍世王命婆羅門大臣禹舍，而告之曰：「汝詣耆闍崛山，至世尊所，持我名字，禮世尊足，問訊世尊：『起居輕利，遊步強耶？』又白世尊：『跋祇國人自恃勇健，民衆豪強，不順伏我，我欲伐之，不審世尊何所誡勅？』若有教誡汝善憶念，勿有遺漏如所聞說。如來所言，終不虛妄。」

大臣禹舍受王教已，即乘寶車詣耆闍崛山，到所止處，下車步進至世尊所，問訊畢一面坐，白世尊曰：「摩竭王阿闍世稽首佛足，敬問慇懃：『起居輕利，遊步強耶？』又白世尊：『跋祇國人自恃勇健，民衆豪強，不順伏我，我欲伐之，不審世尊何所誡勅？』」

爾時阿難在世尊後執扇扇佛，佛告阿難：「汝聞跋祇國人數相集會，講議正事不？」

答曰：「聞之。」

佛告阿難：「若能爾者，長幼和順轉更增盛，其國久安無能侵損。阿難！汝聞跋祇國人君臣和順，上下相敬不？」

答曰：「聞之。」

「阿難！若能爾者，長幼和順轉更增盛，其國久安無能侵損。阿難！汝聞跋祇國人奉法曉忌，不違禮度不？」

答曰：「聞之。」

「阿難！若能爾者，長幼和順轉更增盛，其國久安無能侵損。阿難！汝聞跋祇國人孝事父母，敬順師長不？」

答曰：「聞之。」

「阿難！若能爾者，長幼和順轉更增*盛，其國久安無能侵損。阿難！汝聞跋祇國人恭於宗廟，致敬鬼神不？」

答曰：「聞之。」

「阿難！若能爾者，長幼和順轉更增*盛，其國久安無能侵損。阿難！汝聞跋祇國人閨門真正潔淨無穢，至於戲笑言不及邪不？」

答曰：「聞之。」

「阿難！若能爾者，長幼和順轉更增盛，其國久安無能侵損。阿難！汝聞跋祇國人宗事沙門敬持戒者，瞻視護養未嘗懈惓不？」

答曰：「聞之。」

「阿難！若能爾者，長幼和順轉更增盛，其國久安無能侵損。」

時大臣禹舍白佛言：「彼國人民若行一法，猶不可圖，況復具七？國事多故，今請辭還歸。」

佛言：「可！宜知是時。」

時禹舍即從座起，遶佛三匝揖讓而退。

其去未久，佛告阿難：「汝勅羅閱祇左右諸比丘盡集講堂。」

對曰：「唯然」。

即詣羅閱祇城，集諸比丘盡會講堂，白世尊曰：「諸比丘已集，唯聖知時。」

爾時世尊即從座起，詣法講堂就座而坐，告諸比丘：「我當為汝說七不退法。諦聽！諦聽！善思念之。」

時諸比丘白佛言：「唯然，世尊！願樂欲聞！」

佛告諸比丘：「七不退法者，一曰、數相集會，講論正義，則長幼和順，法不可壞。二曰、上下和同，敬順無違，則長幼和順，法不可壞。三曰、奉法曉忌，不違制度，則長幼和順，法不可壞。四曰、若有比丘力能護眾，多諸知識，宜敬事之，則長幼和順，法不可壞。五曰、念護心意，孝敬為首，則長幼和順，法不可壞。六曰、淨修梵行，不隨欲態，則長幼和順，法不可壞。七曰、先人後己，不貪名利，則長幼和順，法不可壞。」

佛告比丘：「復有七法，令法增長，無有損耗。一者、樂於少事，不好多為，則法增長，無有損耗。二者、樂於靜默，不好多言。三者、少於睡眠，無有昏昧。四者、不為群黨，言無益事。五者、不以無德而自稱譽。六者、不與惡人而為伴黨。七者、樂於山林閑靜獨處。如是，比丘！則法增長，無有損耗。」

佛告比丘：「復有七法，令法增長，無有損耗。何謂為七？一者、有信，信於如來、至真、正覺，十號具足。二者、知慚，恥於己闕。三者、知愧，羞為惡行。四者、多聞，其所受持，上中下善義味深奧，清淨無穢梵行具足。五者、精勤苦行，滅惡修善，勤習不捨。六者、昔所學習，憶念不忘。七者、修習智慧，知生滅法，趣賢聖要，盡諸苦本。如是七法，則法增長，無有損耗。」

佛告比丘：「復*有七法，令法增長，無有損耗。何謂為七？一者、敬佛，二者、敬法，三者、敬僧，四者、敬戒，五者、敬定，六者、敬順父母，七者、敬不放逸。如是七法，則法增長，無有損耗。」

佛告比丘：「復有七法，則法增長，無有損耗。何謂為七法？一者、觀身不淨，二者、觀食不淨，三者、不樂世間，四者、常念死想，五者、起無常想，六者、無常苦想，七者、苦無我想。如是七法，則法增長，無有損耗。」

佛告比丘：「復有七法，則法增長，無有損耗。何謂為七？一者、修念覺意，閑靜無欲，出要無為。二者、修法覺意。三者、修精進覺意。四者、修喜覺意。五者、修猗覺意。六者、修定覺意。七者、修護覺意。如是七法，則法增長，無有損耗。」

佛告比丘：「有六不退法，令法增長，無有損耗。何謂為六？一者、身常行慈，不害衆生。二者、口宣仁慈，不演惡言。三者、意念慈心，不懷壞損。四者、得淨利養，與衆共之，平等無二。五者、持賢聖戒，無有闕漏，亦無垢穢，必定不動。六者、見賢聖道，以盡苦際。如是六法，則法增長，無有損耗。」

佛告比丘：「復有六不退法，令法增長，無有損耗。一者、念佛、二者、念法，三者、念僧，四者、念戒，五者、念施，六者、念天。修此六念，則法增長，無有損耗。」

爾時世尊於羅閱祇隨宜住已，告阿難言：「汝等皆嚴，吾欲詣竹園。」

對曰：「唯然。」

即嚴衣鉢，與諸大衆侍從世尊，路由摩竭，次到竹園。往堂上坐，與諸比丘說戒、定、慧。修戒獲定，得大果報；修定獲智，得大果報；修智心淨，得等解脫，盡於三漏，欲漏、有漏、無明漏。已得解脫，生解脫智：生死已盡，梵行已立，所作已辦，不受後有。

爾時世尊於竹園隨宜住已，告阿難曰：「汝等皆嚴，當詣巴陵弗城。」

對曰：「唯然。」

即嚴衣鉢，與諸大衆侍從世尊，路由摩竭，次到巴陵弗城，巴陵樹下坐。

時諸清信士聞佛與諸大衆遠來至此巴陵樹下，即共出城，遙見世尊在巴陵樹下，容貌端正，諸根寂定善調第一。譬猶大龍，以水清澄無有塵垢；三十二相、八十種好莊嚴其身。見已歡喜漸到佛所，頭面禮足却坐一面。

爾時世尊漸為說法，示教利喜，諸清信士聞佛說法，即白佛言：「我欲歸依佛、法、聖衆，唯願世尊哀愍，聽許為優婆塞！自今已後，不殺、不盜、不婬、不欺、不飲酒，奉戒不忘。明欲設供，唯願世尊與諸大衆垂愍屈顧！」

爾時世尊默然許可，諸清信士見佛默然，即從座起，遶佛三匝作禮而歸。尋為如來起大堂舍，平治處所，掃灑燒香嚴敷寶座。供設既辦，往白世尊：「所設已具，唯聖知時。」

於是世尊即從座起，著衣持鉢，與大眾俱詣彼講堂，澡手洗足處中而坐。時諸比丘在左面坐，諸清信士在右面坐。

爾時世尊告諸清信士曰：「凡人犯戒，有五衰耗。何謂為五？一者、求財，所願不遂。二者、設有所得，日當衰耗。三者、在所至處，眾所不敬。四者、醜名惡聲，流聞天下。五者、身壞命終，當入地獄。」

又告諸清信士：「凡人持戒，有五功德。何謂為五？一者、諸有所求，輒得如願。二者、所有財產，增益無損。三者、所往之處，眾人敬愛。四者、好名善譽，周聞天下。五者、身壞命終，必生天上。」時夜已半，告諸⊙清信士宜各還歸。諸清信士即承佛教，遶佛三匝禮足而歸。

爾時世尊於後夜明相出時，至閑靜處，天眼清徹，見諸大天神各封宅地，中神、下神亦封宅地。是時世尊即還講堂，就座而坐，世尊知*而故問阿難：「誰造此巴陵弗城？」

阿難白佛：「此是禹舍大臣所造，以防禦跋祇。」

佛告阿難：「造此城者，正得天意，吾於後夜明相出時，至閑靜處，以天眼見諸大*天神☆各封宅地，中、下諸神亦封宅地。阿難！當知諸大*天神☆所封宅地，有人居者，安樂熾盛。中神所封，中人所居

：下神所封，下人所居。功德多少，各隨所止。阿難！此處賢人所居，商賈所集，國法真實無有欺罔，此城最勝諸方所推，不可破壞。此城久後若欲壞時，必以三事：一者、大水，二者、大火，三者、中人與外人謀，乃壞此城。」

時巴陵弗諸清信士通夜供辦，時到白佛：「食具已辦，唯聖知時。」

時清信士即便施設，手自斟酌，食訖行水，別取小⊙牀敷在佛前坐。

爾時世尊即示之曰：「今汝此處賢智所居，多持戒者，淨修梵行，善神歡喜。即為呪願：可敬知敬，可事知事，博施兼愛，有慈愍心，諸天所稱，常與善俱，不與惡會。」

爾時世尊為說法已，即從座起，大眾圍遶侍送而還。大臣禹舍從佛後行，時作是念：「今沙門瞿曇出此城門，即名此門為瞿曇門。又觀如來所渡河處，即名此處為瞿曇河。」

爾時世尊出巴陵弗城，至于水邊，時水岸上人民眾多，中有乘船渡者，或有乘筏，或有乘桴而渡河者。爾時世尊與諸大眾，譬如力士屈伸臂頃，忽至彼岸。世尊觀此義已，即說頌曰：

佛為海船師，　法橋渡河津；　大乘道之輿，　一切渡天人。
亦為自解結，　渡岸得昇仙；　都使諸弟子，　縛解得涅槃。

爾時世尊從跋祇遊行至拘利村，在一林下告諸比丘：「有四深法：一曰、聖戒，二曰、聖定，三曰、聖慧，四曰、聖解脫。此法微妙難可解知，我及汝等不曉了故，久在生死流轉無窮。」

爾時世尊觀此義已，即說頌曰：

戒定慧解上，　唯佛能分別；
離苦而化彼，　令斷生死習。

爾時世尊於拘利村隨宜住已，告阿難俱詣那陀村。阿難受教，即著衣持鉢，與大衆俱侍從世尊，路由跋祇，到那陀村，止揵椎處。

爾時阿難在閑靜處，默自思惟：「此那陀村十二居士：一名、伽伽羅，二名、伽陵伽，三名、毘伽陀，四名、伽利輸，五名、遮樓，六名、婆耶樓，七名、婆頭樓，八名、藪婆頭樓，九名、陀梨舍㝹，十名、藪達利舍㝹，十一名、耶輸，十二名、耶輸多樓。此諸人等，今者命終為生何處？復有五十人命終，又復有五百人命終，斯生何處？」作是念已，從靜處起至世尊所，頭面禮足在一面坐，白佛言：「世尊！我向靜處，默自思惟：此那陀村十二居士伽伽羅等命終，復有五十人命終，又有五百人命終，斯生何處？唯願解說！」

佛告阿難：「伽伽羅等十二人，斷五下分結，命終生天，於彼即般涅槃，不復還此。五十人命終者，斷除三結，婬、怒、癡薄，得斯陀含，還來此世，盡於苦本。五百人命終者，斷除三結，得須陀洹，不墮惡趣，必定成道，往來七生，盡於苦際。阿難！夫生有死，自世之常，此何足怪！若*一一☆人死，來問我者，非擾亂耶？」

阿難答曰：「信爾！世尊！實是擾亂。」

佛告阿難：「今當為汝說於法鏡，使聖弟子知所生處。三惡道盡，得須陀洹，不過七生，必盡苦際，亦能為他說如是事。阿難！法鏡者，謂聖弟子得不壞信，歡喜信佛，如來、無所著、等正覺，十號具足。歡喜信法，真正微妙，自恣所說。無有時節，示涅槃道，智者所行。歡喜信僧，善共和同，所行質直，無有諛諂，道果成就，上下和順，法身具足。向須陀洹、得須陀洹，向斯陀含、得斯陀含，向阿那含、得阿那含，向阿羅漢、得阿羅漢，四雙八輩，是謂如來賢聖之衆，甚可恭敬，世之福田。信賢聖戒，清淨無穢，無有缺漏，明哲所行，獲三昧定。阿難！是為法鏡，使聖弟子知所生處，三惡道盡，得須陀洹，不過七生，必盡苦際，亦能為他說如是事。」

爾時世尊隨宜住已，告阿難俱詣毘舍離國。即受教行，著衣持鉢，與大眾俱侍從世尊，路由跋祇，到毘舍離，坐一樹下。有一婬女，名菴婆婆梨，聞佛將諸弟子來至毘舍離，坐一樹下，即嚴駕寶車，欲往詣佛所禮拜供養。未至之間，遙見世尊顏貌端正，諸根特異相好備足，如星中月。見已歡喜，下車步進漸至佛所，頭面禮足却坐一面。

爾時世尊漸為說法，示教利喜。聞佛所說發歡喜心，即白佛言：「從今日始，歸依三尊，唯願聽許於正法中為優婆夷！盡此形壽，不殺、不盜、不邪婬、不妄語、不飲酒。」

又白佛言：「唯願世尊及諸弟子明受我請，即於今暮止宿我園。」

爾時世尊默然受之。女見佛默然許可，即從座起頭面禮足，遶佛而歸。

其去未久，佛告阿難：「當與汝等詣彼園觀。」

對曰：「唯然。」

佛即從座起，攝持衣鉢，與衆弟子千二百五十人俱詣彼園。

時毘舍離諸隸車輩，聞佛在菴婆婆梨園中止住，即便嚴駕五色寶車，或乘青車青馬，衣蓋、幢幡、官屬皆青，五色車馬，皆亦如是。時五百隸車服色盡同，欲往詣佛，菴婆婆梨辭佛還家，中路逢諸隸車。時車行*馳疾，與彼寶車共相鉤撥，損折幢蓋而不避道，隸車責曰：「汝恃何勢行不避道，衝撥我車損折*幢蓋？」

報曰：「諸貴！我已請佛明日設食，歸家供辦，是以行速無容相避。」

諸隸車即語女曰：「且置汝請，當先與我，我當與汝百千兩金。」

女尋答曰：「先請已定，不得相與。」

時諸隸車又語女曰：「我更與汝十六倍百千兩金，必使我先。」

女猶不肯：「我請已定，不可爾也。」

時諸隸車又語女曰：「我今與*汝中分國財，可先與我。」

女又報曰：「設使舉國財寶，我猶不取。所以然者，佛住我園，先受我請。此事已了，終不相與。」

諸隸車等各振手歎吒：「今由斯女闕我初福。」

即便前進，徑詣彼園。爾時世尊遙見五百隸車，車馬數萬填道而來，告諸比丘：「汝等欲知忉利諸天遊戲園觀，威儀容飾，與此無異。汝等比丘當自攝心，具諸威儀。云何比丘自攝其心？於是比丘內身身觀，精勤不懈，憶念不忘，捨世貪憂；外身身觀，精勤不懈，憶念不忘，捨世貪憂；內外身觀，精勤不懈，捨世貪憂。受、意、法觀，亦復如是。云何比丘具諸威儀？於是比丘可行知行，可止知止；左右顧視，屈伸俯仰，攝持衣鉢，食飲湯藥，不失*儀則；善設方便，除去陰蓋，行住坐臥，覺寤語默，攝心不亂，是謂比丘具諸威儀。」

爾時五百隸車往至菴婆婆梨園，欲到佛所，下車步進頭面禮足，却坐一面。如來在座，光相獨顯蔽諸大眾，譬如秋月，又如天地清明淨無塵翳，日在虛空光明獨照。爾時五百隸車圍遶侍坐，佛於眾中光相獨明。是時座中有一梵志名曰并暨，即從座起，偏袒右臂右膝著地，叉手向佛以偈讚曰：

摩竭鴦伽王，　為快得善利，　身被寶珠鎧，　世尊出其土。
威德動三千，　名顯如雪山，　如蓮花開敷，　香氣甚微妙。
今覩佛光明，　如日之初出，　如月遊虛空，　無有諸雲翳。
世尊亦如是，　光照於世間，　觀如來智慧，　猶闇覩錠鐐，
施衆以明眼，　決了諸疑惑。

時五百隸車聞此偈已，復告并饕：「汝可重說。」

爾時并饕即於佛前再三重說。時五百隸車聞重說偈已，各脫寶衣以施并饕，并饕即以寶衣奉上如來，佛愍彼故即為納受。

爾時世尊告毘舍離諸隸車曰：「世有五寶甚為難得，何等為五？

一者、如來、至真出現於世，甚為難得。二者、如來正法能演說者，此人難得。三者、如來演法能信解者，此人難得。四者、如來演法能成就者，此人難得。五者、*臨危救厄知反復者，此人難得。是謂五寶為難得也。」

時五百隸車聞佛示教利喜已，即白佛言：「唯願世尊及諸弟子明受我請！」

佛告隸車：「卿已請我，我今便為得供養已，菴婆婆梨女先已請訖。」

時五百隸車聞菴婆婆梨女已先請佛，各振手而言：「吾欲供養如來，而今此女已奪我先。」

即從座起，頭面禮佛遶佛三匝，各自還歸。

時菴婆婆梨女即於其夜種種供辦，明日時到，世尊即與千二百五十比丘整衣持鉢，前後圍遶詣彼請所，就座而坐。時菴婆婆梨女即設上饌，供佛及僧。食訖去鉢，并除机案。時女手執金瓶，行澡水畢，前白佛言：「此毘*舍離城所有園觀，我園最勝，今以此園貢上如來，哀愍我故，願垂納受！」

佛告女曰：「汝可以此園施佛為首及招提僧。所以然者，如來所有園林、房舍、衣鉢六物，正使諸魔、釋、梵、大神力天，無有能堪受此供者。」

時女受教，即以此園施佛為首及招提僧。佛愍彼故即為受之，而說偈言：

起塔立精舍，　園果施清涼；　橋船以渡人，　曠野施水草。
及以堂閣施，　其福日夜增；　戒具清淨者，　彼必到善方。

時菴婆婆梨女取一小牀於佛前坐，佛漸為說法，示教利喜：施論、戒論、生天之論，欲為大患，穢汙不淨，上漏為礙，出要為上。爾時世尊知彼女意柔軟和悅，蔭蓋微薄，易可開化，如諸佛法，即為彼女說苦聖諦、苦集、苦滅、苦出要諦。

時菴婆婆梨女信心清淨，譬如淨潔白氎易為受色，即於座上遠塵離垢，諸法法眼生，見法得法，決定正住，不墮惡道，成就無畏，而白佛言：「我今歸依佛，歸依法，歸衣僧。」如是再三。

「唯願如來聽我於正法中為優婆夷！自今已後，盡壽不殺、不盜、不邪婬、不欺、不飲酒。」

時彼女從佛受五戒已，捨本所習，穢垢消除，即從座起，禮佛而去。

爾時世尊於毘舍離隨宜住已，告阿難言：「汝等皆嚴，吾欲詣竹林叢。」

對曰：「唯然。」

即嚴衣鉢，與大眾侍從世尊，路由跋祇，至彼竹林。

時有婆羅門名毘沙陀耶，聞佛與諸大眾詣此竹林，默自思念：「此沙門瞿曇，名德流布聞於四方，十號具足，於諸天、釋、梵、[1]魔、若魔天、沙門、婆羅門中，自身作證，為他說法，上中下言皆悉真正，義味深奧梵行具足。如此真人，宜往瞻覲。」

時婆羅門出於竹叢，往詣世尊，問訊訖一面坐，世尊漸為說法，示教利喜。婆羅門聞已歡喜，即請世尊及諸大眾明日舍食，時佛默然受請。婆羅門知已許可，即從座起遶佛而歸。即於其夜供設飲食，明日時到，唯聖知*時。

爾時世尊著衣持鉢，大眾圍遶往詣彼舍，就座而坐。時婆羅門設種種甘饌，供佛及僧。食訖去鉢，行澡水畢，取一小牀於佛前坐。爾時世尊為婆羅門而作頌曰：

若以飲食，　衣服臥具，　施持戒人，　則獲大果。

此為真伴，　終始相隨，　所至到處，　如影隨形。

是故種善，　為後世粮，　福為根基，　眾生以安。

福為天護，　行不危*險。　生不遭難，　死則上天。

爾時世尊為婆羅門說微妙法，示教利喜已，從座而去。于時彼土穀貴飢饉，乞求難得，佛告阿難：「勅此國內現諸比丘盡集講堂。」對曰：「唯然。」

即承教旨，宣令遠近普集講堂。是時國內大眾皆集，阿難白佛言：「大眾已集，唯聖知時。」

爾時世尊即從座起，詣於講堂就座而坐，告諸比丘：「此土飢饉，乞求難得，汝等宜各分部，隨所知識，詣毘舍離及越祇國，於彼安居可以無乏。吾獨與阿難於此安居，所以然者，恐有短乏。」

是時諸比丘受教即行，佛與阿難獨留。於後夏安居中，佛身疾生，舉體皆痛，佛自念言：「我今疾生，舉身痛甚，而諸弟子悉皆不在，若取涅槃，則非我宜，今當精勤自力以留壽命。」

爾時世尊於靜室出，坐清涼處，阿難見已速疾往詣，而白佛言：「今觀尊顏，疾如有損。」

阿難又言：「世尊有疾，我心惶懼，憂結荒迷不識方面，氣息未絕猶少醒悟。默思：如來未即滅度，世眼未滅，大法未損，何故今者不有教令於眾弟子乎？」

佛告阿難：「眾僧於我有所須耶？若有自言：『我持眾僧，我攝眾僧。』」斯人於眾應有教*令。如來不言：『我持於眾，我攝於眾。』豈當於眾有教令乎？阿難！我所說法內外已訖，終不自稱所見通達。吾已老矣，年*且八十，譬如故車，方便修治得有所至。吾身亦然，以方便力得少留壽，自力精進忍此苦痛，不念一切想，入無想定，時我身安隱無有惱患。

「是故，阿難！當自熾燃，熾燃於法，勿他熾燃；當自歸依，歸依於法，勿他歸依。云何自熾燃，熾燃於法，勿他熾燃；當自歸依，歸依於法，勿他歸依？阿難！比丘觀內身，精勤無懈，憶念不忘，除世貪憂；觀外身、觀內外身，精勤不懈，憶念不忘，除世貪憂。受、意、法觀，亦復如是。是謂，阿難！自熾燃，熾燃於法，勿他熾燃；

當自歸依，歸依於法，勿他歸依。」

佛告阿難：「吾滅度後，能有修行此法者，則為真我弟子第一學者。」

佛告阿難：「俱至遮婆羅塔。」

對曰：「唯然。」

如來即起，著衣持鉢，詣一樹下，告阿難：「敷座，吾患背痛，欲於此止。」

對曰：「唯然。」

尋即敷座，如來坐已，阿難敷一小座於佛前坐，佛告阿難：「諸有修四神足，多修習行，常念不忘，在意所欲，可得不死一劫有餘。

阿難！佛四神足已多修行，專念不忘，在意所欲，如來可止一劫有餘，為世除冥，多所饒益，天人獲安。」

爾時阿難默然不對，如是再三又亦默然。是時阿難為魔所蔽，*懞☆懞不悟，佛三現相而不知請。

佛告阿難：「宜知是時。」

阿難承佛意旨，即從座起，禮佛而去。去佛不遠，在一樹下靜意思惟。

其間未久，時魔波旬來白佛：「佛意無欲，可般涅槃，今正是時，宜速滅度！」

佛告波旬：「且止！且止！我自知時。如來今者未取涅槃，須我諸比丘集。又能自調，勇捍無怯到安隱處，逮得已利為人導師，演布經教顯於句義。若有異論，能以正法而降伏之。又以神變，自身作證。如是弟子皆悉未集，又諸比丘尼、優婆塞、優婆夷，普皆如是，亦復未集。今者要當廣於梵行，演布覺意，使諸天人普見神變。」

時魔波旬復白佛言：「佛昔於鬱鞞羅尼連禪水邊，阿遊波尼俱律樹下初成正覺，我時至世尊所，勸請如來可般涅槃：『今正是時，宜速滅度！』爾時如來即報我言：『止！止！波旬！我自知時。如來今者未取涅槃，須我諸弟子集，乃至天人見神變化乃取滅度。』佛今弟子已集，乃至天人見神變化，今正是時，何不滅度？」

佛言：「止！止！波旬！佛自知時不久住也。是後三月，於本生處拘尸那竭娑羅園雙樹間，當取滅度。」

時魔即念：「佛不虛言，今必滅度。」歡喜踊躍，忽然不現。魔去未久，佛即於遮婆羅塔，定意三昧，捨命住壽。當此之時地大震動，舉國人民莫不驚怖，衣毛為竪，佛放大光徹照無窮，幽冥之處莫不蒙明，各得相見。

爾時世尊以偈頌曰：

有無二行中，　吾今捨有為；
內專三昧定，　如鳥出於卵。

爾時賢者阿難心驚毛竪，疾行詣佛，頭面禮足却住一面，白佛言：「恠哉！世尊！地動乃爾，是何因緣？」

佛告阿難：「凡世地動，有八因緣。何等八？夫地在水上，水止於風，風止於空，空中大風有時自起，則大水擾，大水擾則普地動，是為一也。復次，阿難！有時得道比丘、比丘尼及大神尊天，觀水性多，觀地性少，欲*自試力，則普地動，是為二也。復次，阿難！若始菩薩從兜率天降神母胎，專念不亂，地為大動，是為三也。復次，阿難！菩薩始出母胎，從右脇生，專念不亂，則普地動，是為四也。復次，阿難！菩薩初成無上正覺，當於此時，地大震動，是為五也。復次，阿難！佛初成道，轉無上法輪，魔、若魔天、沙門、婆羅門、諸天、世人所不能轉，則普地動，是為六也。復次，阿難！佛教將畢，專念不亂，欲捨性命，則普地動，是為七也。復次，阿難！如來於無餘涅槃界⊙而般涅槃時，地大*震動，是為八也。以是八因緣，令地大動。」

爾時世尊即說偈言：

無上二足尊，照世大沙門；阿難請天師，地動何因緣？
如來演慈音，聲如迦毘陵；我說汝等聽，地動之所由。
地因水而止，水因風而住；若虛空風起，則地為大動。
比丘比丘尼，欲試神足力；山海百草木，大地皆震動。
釋梵諸尊天，意欲動於地；山海諸鬼神，大地為震動。
菩薩二足尊，百福相已具；始入母胎時，地則為大動。
十月處母胎，如龍臥茵蓐；初從右脇生，時地則大動。
佛為童子時，消滅使緣縛；成道勝無量，地則為大動。

昇仙轉法輪，於鹿野苑中；道力降伏魔，則地大為動。
天魔頻來請，勸佛般泥洹；佛為捨性命，地則為大動。
人尊大導師，神仙盡後有；難動而取滅，時地則大動。
淨*眼說諸緣，地動八事動；有此亦有餘，時地皆震動。

## 佛說長阿含經卷第二

# 佛說長阿含經卷第三

後秦弘始年佛陀耶舍共竺佛念譯

## 遊行經第二中

佛告阿難：「世有八衆，何謂八？一曰、剎利衆，二曰、婆羅門衆，三曰、居士衆，四曰、沙門衆，五曰、四天王衆，六曰、忉利天衆，七曰、魔衆，八曰、梵天衆。我自憶念昔者往來，與剎利衆坐起言語，不可稱數，以精進定力，在所能現。彼有好色，我色勝彼。彼有妙聲，我聲勝彼。彼辭我退，我不辭彼。彼所能說，我亦能說。彼所不能，我亦能說。阿難！我廣為說法，示教利喜已，即於彼沒，彼不知我是天、是人。如是至梵天眾，往返無數，廣為說法，而莫知我誰。」

阿難白佛言：「甚奇！世尊！未曾有也，乃能成就如是。」

佛言：「如是微妙希有之法，阿難！甚奇！甚特！未曾有也。唯有如來能成此法。」

又告阿難：「如來能知受起、住、滅，想起、住、滅，觀起、住、滅。此乃如來甚奇甚特未曾有法，汝當受持。」

爾時世尊告阿難：「俱詣香塔，在一樹下，敷座而坐。」

佛告阿難：「香塔左右現諸比丘，普勅令集講堂。」

阿難受教，宣令普集。阿難白佛：「大衆已集，唯聖知時。」

爾時世尊即詣講堂，就座而坐，告諸比丘：「汝等當知我以此法自身作證，成最正覺，謂四念處、四意斷、四神足、四禪、五根、五力、七覺意、賢聖八道。汝等宜當於此法中和同敬順，勿生諍訟，同一師受，同一水乳，於我法中宜勤受學，共相熾然，共相娛樂。比丘當知我於此法自身作證，布現於彼，謂貫經、祇夜經、受記經、偈經、法句經、相應經、本緣經、天本經、廣經、未曾有經、證喩經、大教經。汝等當善受持，稱量分別，隨事修行。所以者何？如來不久，是後三月當般泥洹。」

諸比丘聞此語已，皆悉愕然殞絕迷荒，自投於地舉聲大呼曰：「一何駛哉！佛取滅度。一何痛哉！世間眼滅。我等於此，已為長衰。」或有比丘悲泣躃踊，宛轉*嘷咷不能自勝，猶如斬蛇，宛轉迴遑莫知所奉。

佛告諸比丘曰：「汝等且止，勿懷憂悲。天地人物，無生不終。欲使有為不變易者，無有是處。我亦先說恩愛無常，合會有離，身非己有，命不久存。」

爾時世尊以偈頌曰：

我今自在，　到安隱處；
和合大衆，　為說此義。
吾年老矣，　餘命無幾；
所作已辦，　今當捨壽。

念無放逸，　比丘戒具；　自攝定意，　守護其心。
若於我法，　無放逸者；　能滅苦本，　盡生老死。

又告比丘：「吾今所以誡汝者何？天魔波旬向來請我：『佛意無欲，可般泥洹，今正是時，宜速滅度！』我言：『止！止！波旬！佛自知時。須我諸比丘集，乃至諸天普見神變。』波旬復言：『佛昔於鬱鞞羅尼連禪河水邊，阿遊波尼俱律樹下初成佛道，我時白佛：「佛意無欲，可般泥洹，今正是時，宜速滅度！」爾時如來即報我言：「止！止！波旬！我自知時。如來今者未取滅度，須我諸弟子集，乃至天人見神變化，乃取滅度。」今者如來弟子已集，乃至天人見神變化，今正是時，宜可滅度。』我言：『止！止！波旬！佛自知時，不久住也。是後三月當般涅槃。』時魔即念：『佛不虛言，今必滅度。』歡喜踊躍，忽然不現。魔去未久，即於遮波羅塔定意三昧，捨命住壽。當此之時地大震動，天人驚怖衣毛為豎，佛放大光徹照無窮，幽冥之處，莫不蒙明，各得相見。我時頌曰：

有無二行中，　吾今捨有為；
內專三昧定，　如鳥出於卵。」

爾時賢者阿難即從座起，偏袒右肩右膝著地，長跪叉手白佛言：「唯願世尊留住一劫，勿取滅度，慈愍眾生，饒益天人！」

爾時世尊默然不對，如是三請。佛告阿難：「汝信如來正覺道不？」

對曰：「唯然，實信。」

佛言：「汝若信者，何故三來觸嬈我為？汝親從佛聞，親從佛受

：『諸有能修四神足，多修習行，常念不忘，在意所欲，可得不死一劫有餘。佛四神足已多習行，專念不忘，在意所欲，可止不死一劫有餘，為世除冥，多所饒益，天人獲安。』爾時何不重請，使不滅度？再聞尚可，乃至三聞，猶不勸請留住一劫，一劫有餘，為世除冥，多所饒益，天人獲安。今汝方言，豈不愚耶？吾三現相，汝三默然。汝於爾時，何不報我：『如來可止一劫，一劫有餘，為世除冥，多所饒益』？且止！阿難！吾已捨性命，已棄已吐，欲使如來自違言者，無有是處。譬如豪貴長者，吐食於地，寧當復①肯還取食不？」

對曰：「不也。」

「如來亦然，已捨已吐，豈當復自還食言乎？」

佛告阿難俱詣菴婆羅村，即嚴衣鉢，與諸大衆侍從世尊，路由跋祇到菴婆羅村，在一山林。爾時世尊為諸大衆說戒、定、慧。修戒獲定，得大果報；修定獲智，得大果報；修智心淨，得等解脫，盡於三漏，欲漏、有漏、無明漏。已得解脫，生解脫智：生死已盡，梵行已立，所作已辦，不受後有。

爾時世尊於菴婆羅村隨宜住已，佛告阿難：「汝等皆嚴，當詣瞻婆村、揵*荼村、婆梨婆村，及詣負彌城。」

對曰：「唯然。」

即嚴衣鉢，與諸大衆侍從世尊，路由跋祇漸至他城，於負彌城北，止尸舍婆林。

佛告諸比丘：「當與汝等說四大教法。諦聽！諦聽！善思念之。」

諸比丘言：「唯然，世尊！願樂欲聞！」

「何謂為四？若有比丘作如是言：『諸賢！我於彼村、彼城、彼國，躬從佛聞，躬受是教。』從其聞者，不應不信，亦不應毀。當於諸經推其虛實，依律、依法究其本末。若其所言非經、非律、非法，當語彼言：『佛不說此，汝謬受耶？所以然者，我依諸經、依律、依法，汝先所言，與法相違。賢士！汝莫受持，莫為人說，當捐捨之。』若其所言依經、依律、依法者，當語彼言：『汝所言是真佛所說，所以然者，我依諸經、依律、依法，汝先所言，與法相應。賢士！汝當受持，廣為人說，慎勿損捨。』此為第一大教法也。

「復次，比丘作如是言：『我於彼村、彼城、彼國，和合眾僧、多聞耆舊，親從其聞，親受是法、是律、是教。』從其聞者，不應不信，亦不應毀。當於諸經推其虛實，依法、依律究其本末。若其所言非經、非律、非法者，當語彼言：『佛不說此，汝於彼眾謬聽受耶？所以然者，我依諸經、依律、依法，汝先所言，與法相違。賢士！汝莫持此，莫為人說，當捐捨之。』若其所言依經、依律、依法者，當語彼言：『汝所言是真佛所說，所以者何？我依諸經、依律、依法，汝先所言，與法相應。賢士！汝當受持，廣為人說，慎勿捐捨。』此為第二大教法也。

「復次，比丘作如是言：『我於彼村、彼城、彼國，眾多比丘持法、持律、持律儀者，親從其聞，親受是法、是律、是教。』從其聞者，不應不信，亦不應毀。當於諸經推其虛實，依法、依律究其本末。若其所言非經、非律、非法者，當語彼言：『佛不說此，汝於眾多比丘謬聽受耶？所以然者，我依諸經、依律、依法，汝先所言，與法相違。賢士！汝莫受持，莫為人說，當捐捨之。』若其所言依經、依律、依法者，當語彼言：『汝所言是真佛所說，所以然者，我依諸經、依律、依法，汝先所言，與法相應。賢士！汝當受持，廣為人說，慎勿捐捨。』是為第三大教法也。

「復次，比丘作如是言：『我於彼村、彼城、彼國，一比丘持法、持律、持律儀者，親從其聞，親受是法、是律、是教。』從其聞者，不應不信，亦不應毀。當於諸經推其虛實，依法、依律究其本末。若所言非經、非律、非法者，當語彼言：『佛不說此，汝於一比丘所謬聽受耶？所以然者，我依諸經、依法、依律，汝先所言，與法相違。賢士！汝莫受持，莫為人說，當捐捨之。』若其所言依經、依律、依法者，當語彼言：『汝所言是真佛所說，所以然者，我依諸經、依律、依法，汝先所言，與法相應。賢士！當勤受持，廣為人說，慎勿捐捨。』是為第四大教法也。」

爾時世尊於負彌城隨宜住已，告賢者阿難：「俱詣波婆城。」

對曰：「唯然。」

即嚴衣鉢，與諸大眾侍從世尊，路由末羅至波婆城闍頭園中。時有工師子，名曰周那，聞佛從彼末羅來至此城，即自嚴服至世尊所，頭面禮足在一面坐。時佛漸為周那說法正化，示教利喜。周那聞佛說法，信心歡喜，即請世尊明日舍食，時佛默然受請。周那知佛許可，即從座起，禮佛而歸，尋於其夜供設飯食。明日時到，唯聖知時。

爾時世尊法服持鉢，大眾圍遶，往詣其舍就座而坐。是時周那尋設飲食，供佛及僧，別煮栴檀樹耳，世所奇珍，獨奉世尊。

佛告周那：「勿以此耳與諸比丘。」

周那受教，不敢*輒與。時彼眾中有一長老比丘，晚暮出家，於其座上以餘器取。

爾時周那見眾食訖，并除鉢器，行澡水畢，即於佛前以偈問曰：

敢問大聖智，　正覺二足尊，　善御上調伏，　世有幾沙門？

爾時世尊以偈答曰：

如汝所問者，　沙門凡有四；　志趣⊙各不同，　汝當識別之。
一行道殊勝，　二善說道義，　三依道生活，　四為道作穢。
何謂道殊勝，　善說於道義。　依道而生活，　有為道作穢？
能度恩愛刺，　入涅槃無疑；　超越天人路，　說此道殊勝。
善解第一義，　說道無垢穢；　慈仁決衆疑，　是為善說道。
善敷演法句，　依道以自生；　遙望無垢場，　名依道生活。
內懷於姦邪，　外像如清白；　虛誑無*誠實，　此為道作穢。
云何善惡俱？　淨與不淨雜，　相似現外好，　如銅為金塗。

俗人遂見此，　謂聖智弟子，　餘者不盡爾，　勿捨清淨信。
一人持大衆，　內濁而外清；　現閑姦邪迹，　而實懷放蕩。
勿視外容貌，　卒見便親敬；　現閑姦邪迹，　而實懷放蕩。

爾時周那取一小座於佛前坐，⊙佛漸為說法，示教利喜已，大衆圍遶，侍從而還。中路止一樹下，告阿難言：「吾患背痛，汝可敷座。」對曰：「唯然。」

尋即敷座，世尊止息，時阿難又敷一小座於佛前坐。

佛告阿難：「向者周那無悔恨意耶？設有此意，為由何生？」

阿難白佛言：「周那設供，無有福利。所以者何？如來最後於其舍食便取涅槃。」

佛告阿難：「勿作是言！勿作是言！今者周那為獲大利，為得壽命，得色，得力，得善名譽，生多財寶，死得生天，所欲自然。所以者何？佛初成道能施食者，佛臨滅度能施食者，此二功德正等無異。汝今可往語彼周那：『我親從佛聞，親受佛教，周那設食，今獲大利，得大果報。』」

時阿難承佛教旨，即詣彼所，告周那曰：「我親從佛聞，親從佛受教，周那設食，今獲大利，得大果報。所以然者？佛初得道能飯食者，及臨滅度能飯食者，此二功德正等無異。」

周那舍食已，　始聞如此言；　如來患甚篤，　壽行今將訖。
雖食栴檀耳，　而患猶更增；　抱病而涉路，　漸向拘夷城。

爾時世尊即從座起，小復前行詣一樹下，又告阿難：「吾背痛甚，汝可敷座。」

對曰：「唯然。」

尋即敷座，如來止息，阿難禮佛足已，在一面坐。

時有阿羅漢弟子，名曰福貴，於拘夷那竭城向波婆城，中路見佛在一樹下，容貌端正諸根寂定，得上調意第一寂滅。譬如大龍，亦如澄水，清淨無穢。見已歡喜善心生焉，即到佛所，頭面禮足在一面坐，而白佛言：「世尊！出家之人在清淨處，慕樂閑居，甚奇特也。有五百乘車經過其邊，而不聞見，我師一時在拘夷那竭城、波婆城，二城中間道側樹下，靜默而坐，時有五百乘車經過其邊，車聲轟轟覺而不聞。是時有人來問我師：『向群車過，寧見不耶？』對曰：『不見。』又問：『聞耶？』對曰：『不聞。』又問：『汝在此耶？在餘處耶？』答曰：『在此。』又問：『汝醒悟耶？』答曰：『醒悟。』又問：『汝為覺寐？』答曰：『不寐。』彼人默念：『是希有也，出家之人專精乃爾，車聲轟轟覺而不聞。』即語我師曰：『向有五百乘車從此道過，車聲振動尚*且不聞，豈他聞哉？』即為作禮，歡喜而去。」

佛告福貴：「我今問汝，隨意所答。群車振動覺而不聞，雷動天地覺而不聞，何者為難？」

福貴白佛言：「千萬車聲，豈等雷電？不聞車聲未足為難，雷動天地覺而不聞，斯乃為難。」

佛告福貴：「我於一時遊阿越村，在一草廬，時有異雲暴起，雷電霹靂，殺四特牛、耕者兄弟二人，人衆大聚。時我出草廬，彷徉經行，彼大衆中有一人來至我所，頭面禮足，隨我經行，我知而故問：『彼大衆聚何所為耶？』其人即問：『佛向在何所？為覺寐耶？』答曰：『在此，時不寐也。』其人亦歎希聞得定如佛者也，雷電霹靂，聲聒天地，而獨寂定覺而不聞，乃白佛言：『向有異雲暴起，雷電霹靂，殺四特牛、耕者兄弟二人，彼大衆聚，其正為此。』其人心悅即得法喜，禮佛而去。」

爾時福貴被二黃疊，價直百千，即從座起，長跪叉手而白佛言：「今以此疊奉上世尊，願垂納受！」

佛告福貴：「汝以一疊施我，一施阿難。」

爾時福貴承佛教旨，一奉如來，一施阿難。佛愍彼故，即為納受。時福貴禮佛足已，於一面坐，佛漸為說法，示教利喜：施論、戒論、生天之論，欲為大患、不淨、穢汚，上漏為礙，出要為上。

時佛知福貴意，歡喜柔軟，無諸蓋纏，易可開化，如諸佛常法，即為福貴說苦聖諦，苦集、苦滅、苦出要諦。時福貴信心清淨，譬如淨潔白疊易為受色，即於座上遠塵離垢，諸法法眼生，見法得法，決定正住，不墮惡道，成就無畏，而白佛言：「我今歸依佛、歸依法、歸依僧，唯願如來聽我於正法中為優婆塞！自今已後，盡壽不殺、不盜、不婬、不欺、不飲酒，唯願世尊聽我於正法中為優婆塞！」

又白佛言：「世尊！遊化若詣波婆城，唯願屈意過貧聚中！所以然者，欲盡*家所有☆飲食、牀臥、衣服、湯藥，奉獻世尊，世尊受已，家內獲安。」

佛言：「汝所言善。」

爾時世尊為福貴說法，示教利喜已，即從座起，頭面禮足，歡喜而去。其去未久，阿難尋以黃疊奉上如來，如來哀愍即為受之，被於身上。爾時世尊顏貌*從容，威光熾盛，諸根清淨，面色和悅。阿難見已，默自思念：「自我得侍二十五年，未曾見佛面色光澤，發明如*今。」

即從座起，右膝著地，叉手合掌，前白佛言：「自我得侍二十五年，未曾見佛光色如*今，不審何緣？願聞其意！」

佛告阿難：「有二因緣，如來光色有殊於常：一者、佛初得道，成無上正真覺時；二者、臨欲滅度，捨於性命般涅槃時。阿難！以此二緣，光色殊常。」

爾時世尊即說頌曰：

金色衣光悅，　細軟極鮮淨；
福貴奉世尊，　如雪白毫光。

佛命阿難：「吾渴欲飲，汝取水來！」

阿難白言：「向有五百乘車於上流渡，水濁未清，可以洗足，不中飲也。」

如是三勅：「阿難！汝取水來！」

阿難白言：「今拘孫河去此不遠，清冷可飲，亦可澡浴。」時有鬼神居在雪山，篤信佛道，即以鉢盛八種淨水，奉上世尊。佛愍彼故，尋為受之，而說頌曰：

佛以八種音，　勅阿難取水，　吾渴今欲飲，　飲已詣拘尸。
柔軟和雅音，　所言悅衆心。　給侍佛左右，　尋白於世尊：
向有五百車，　截流渡彼岸，　渾濁於此水，　飲恐不便身；
拘*孫河不遠，　水美甚清冷；　往彼可取飲，　亦可澡浴身。
雪山有鬼神，　奉上如來水；　飲已威勢強，　衆中師子步。
其水神龍居，　清澄無濁穢；　聖顏如雪山，　安詳度拘孫。

爾時世尊即詣拘孫河，飲已澡浴，與衆而去。中路止息在一樹下，告周那曰：「汝取僧伽梨四牒而敷，吾患背痛，欲暫止息。」周那受教，敷置已訖，佛坐其上。周那禮已於一面坐，而白佛言：「我欲般涅槃，我欲般涅槃。」佛告之曰：「宜知是時。」於是周那即於佛前便般涅槃，佛時頌曰：

佛趣拘孫河，清涼無濁穢，人中尊入水，澡浴度彼岸。
大衆之*元首，教勅於周那：吾今身疲極，汝速敷臥具；
周那尋受教，四牒衣而敷；如來既止息，周那於前坐。
即白於世尊，我欲取滅度，無愛無憎處，今當到彼方。
無量功德海，最勝告彼曰：汝所作已*辦，今宜知是時。

見佛已聽許，　周那倍精勤；　滅行無有餘，　如燈盡火滅。

時阿難即從座起，前白佛言：「佛滅度後，葬法云何？」

佛告阿難：「汝且默然，思汝所業，諸清信士自樂為之。」

時阿難復重三啟：「佛滅度後，葬法云何？」

佛言：「欲知葬法者，當如轉輪聖王。」

阿難又白：「轉輪聖王葬法云何？」

佛告阿難：「聖王葬法，先以香湯洗浴其體，以新劫貝周遍纏身，以五百張疊次如纏之。內身金棺灌以麻油畢，擧金棺置於第二大鐵槨中，栴檀香槨次重於外，積衆名香，厚衣其上而闍維之。訖收舍利，於四衢道起立塔廟，表剎懸繒，使國行人皆見法王塔，思慕正化多所饒益。阿難！汝欲葬我，先以香湯洗浴，用新劫貝周遍纏身，以五百張疊次如纏之。內身金棺灌以麻油畢，舉金棺置於第二大鐵槨中，旃檀香槨次重於外，積衆名香，厚衣其上而闍維之。訖收舍利，於四衢道起立塔廟，表刹懸繒，使諸行人皆見佛塔，思慕如來法王道化，生獲福利，死得上天。」

於時世尊重觀此義，而說頌曰：

阿難從*座起，　長跪白世尊：
如來滅度後，　當以何法葬？
阿難汝且默，　思惟汝所行；
國內諸清信，　自當樂為之。
阿難三請已，　佛說轉輪葬，
欲葬如來身，　疊裹內棺槨；
四衢起塔廟，　為利益衆生，
諸有禮敬者，　皆獲無量福。

佛告阿難：「天下有四種人應得起塔，香花繒蓋伎樂供養。何等為四？一者、如來應得起塔，二者、辟支佛，三者、聲聞人，四者、轉輪王。阿難！此四種人應得起塔，香華繒蓋伎樂供養。」

爾時世尊以偈說曰：

佛應第一塔，　辟支佛聲聞，　及轉輪聖王，　典領四域主。
斯四應供養，　如來之所記，　佛辟支聲聞，　及轉輪王塔。

爾時世尊告阿難：「俱詣拘尸城，末羅雙樹間。」

對曰：「唯然。」

即與大眾圍遶世尊，在道而行。

有一梵志從拘尸城趣波婆城，中路遙見世尊顏貌端正，諸根寂定，見已歡喜善心自生，前至佛所，問訊訖一面住，而白佛言：「我所居村去此不遠，唯願瞿曇於彼止宿，清旦食已，然後趣城。」

佛告梵志：「且止！且止！汝今便為供養我已。」

時梵志慇懃三請，佛答如初，又告梵志：「阿難在後，汝可語意。」

時梵志聞佛教已，即詣阿難，問訊已於一面立，白阿難言：「我所居村去此不遠，欲屈瞿曇於彼止宿，清旦食已，然後趣城。」

阿難報曰：「止！止！梵志！汝今已為得供養已。」

梵志復請，慇懃至三，阿難答曰：「時既暑熱，彼村遠迴。世尊疲極，不足勞嬈。」

爾時世尊觀此義已，即說頌曰：

淨眼前進路，疲極向雙樹；梵志遙見佛，速詣而稽首：
我村今在近，哀愍留一宿；清旦設微供，然後向彼城。
梵志我身倦，道遠不能過；監藏者在後，汝可*往語意。
承佛教旨已，即詣阿難所：唯願至我村，清旦食已去。
阿難曰止止，時熱不相赴。三請不遂願，憂惱不悅樂。
咄此有為法，流遷不常住；今於雙樹間，滅我無漏身。
佛辟支聲聞，一切皆歸滅；無常無撰擇，如火焚山林。

爾時世尊入拘尸城，向本生處末羅雙樹間，告阿難曰：「汝為如來於雙樹間敷置牀座，使頭北首，面向西方。所以然者，吾法流布，當久住北方。」

對曰：「唯然。」即敷座，令北首。爾時世尊自四牒僧伽梨，偃右脇如師子王，累足而臥。

時雙樹間所有鬼神篤信佛者，以非時花布散于地。爾時世尊告阿難曰：「此雙樹神以非時華供養於我，此非供養如來。」

阿難白言：「云何名為供養如來？」

⊙佛語阿難：「人能受法，能行法者，斯乃名曰供養如來。」

佛觀此義，而說頌曰：

佛在雙樹間，　偃臥心不亂；
樹神心清淨，　以花散佛上。
阿難白佛言：　*云何名供養？
受法而能行，　覺華而為供。

紫金華如輪，　散佛未為供；　陰界入無我，　乃名第一供。

爾時梵摩那在於佛前執扇扇佛，佛言：「汝却，勿在吾前。」時阿難默自思念：「此梵摩那常在佛左右，供給所須，當尊敬如來，視無厭足。今者末後須其瞻視，乃命使却，意將何因？」於是阿難即整衣服，前白佛言：「此梵摩那常在佛左右，供給所須，當尊敬如來，視無厭足。今者末後須其瞻視，而命使却，將有何因？」

佛告阿難：「此拘尸城外有十二由旬，皆是諸大神天之所居宅，無空缺處。此諸大神皆嫌此比丘當佛前立：『今佛末後垂當滅度，吾等諸神冀一奉覲，而此比丘有大威德，光明映蔽，使我曹等不得親近禮拜供養。』阿難！我以是緣，故命使却。」

阿難白佛：「⊙世尊☆！此尊比丘本積何德？修何行業？今者威德乃如是乎？」

佛告阿難：「乃往過去久遠九十一劫，時世有佛，名毗婆尸，時此比丘以歡喜心，手執草炬，以照彼塔，由此因緣，使今威光上徹二十八天，諸天神光所不能及。」

爾時阿難即從座起，偏袒右肩，長跪叉手而白佛言：「莫於此鄙陋小城荒毀之土取滅度也。所以者何？更有大國，瞻婆大國、毗舍離國、王舍城、婆祇國、舍衛國、迦維羅衛國、波羅㮈國，其土人民眾多，信樂佛法，佛滅度已，必能恭敬供養舍利。」

佛言：「止！止！勿造斯觀，無謂此土以為鄙陋。所以者何？昔者此國有王名大善見，此城⊙爾時名拘舍婆提，大王之都城，長四百八十里，廣二百八十里。是時穀米豐賤，人民熾盛，其城七重，遶城欄楯亦復七重，彫文刻鏤間懸寶鈴。其城下基深三仞，高十二仞，城上樓觀高十二仞，柱圍三仞。金城銀門，銀城金門，琉璃城水精門，水精城瑠璃門。

「其城周*圍四寶莊嚴，間錯欄楯亦以四寶。金樓銀鈴，銀樓金鈴，寶塹七重，中生蓮花：優鉢羅花、鉢頭摩花、俱物頭花、分陀利花。下有金沙布現其底，*夾道兩邊生多隣①樹。其金樹者，銀葉花實；其銀樹者，金葉花實。水精樹者，琉璃花實。琉璃樹者，水精花實。多隣樹間有衆浴池，清流深潭潔淨無穢，以四寶塼間砌其邊。金梯銀蹬，銀梯金蹬，琉璃梯金蹬，琉璃梯陛水精為蹬，水精梯陛琉璃為蹬。周匝欄楯遼遶相承，其城處處生多隣樹。其金樹者，銀葉花實。其銀樹者，金葉花實。水精樹者，瑠璃花實。瑠璃樹者，水精花實。樹間亦有四種寶池，生四種花。街巷齊整行伍相當，風吹衆花紛紛路側。微風四起吹諸寶樹，出柔軟音猶如天樂。其國人民男女大小，共遊樹間以自娛樂。其國常有十種聲，貝聲、鼓聲、波羅聲、歌聲、舞聲、吹聲、象聲、馬聲、車聲、飲食戲笑聲。

「爾時大善見王七寶具足，王有四德，主四天下。何謂七寶？一、金輪寶，二、白象寶，三、紺馬寶，四、神珠寶，五、玉女寶，六、居士寶，七、主兵寶。云何善見大王成就金輪寶？王常以十五日月滿時，沐浴香湯，昇高殿上，婇女圍遶，自然輪寶忽現在前，輪有千輻光色具足，天匠所造非世所有，真金所成，輪徑丈四。大善見王默自念言：『我曾從先宿*耆舊聞如是語：剎利王水澆頭種，以十五日月滿時，沐浴香湯，昇寶殿上，婇女圍遶，自然金輪忽現在前，輪有千輻光色具足，天匠所造非世所有，真金所成，輪徑丈四，是則名為轉輪聖王。今此輪現，將無是耶？今我寧可試此輪寶。』

「時大善見王即召四兵，向金輪寶，偏露右臂右膝著地，以右手摩扠金輪，語言：『汝向東方，如法而轉，勿違常則。』輪即東轉。時善見王即將四兵隨其後行，金輪寶前有四神引導，輪所住處，王即止駕。爾時東方諸小國王見大王至，以金鉢盛銀粟，銀鉢盛金粟，來趣王所，拜首白言：『善來！大王！今此東方土地豐樂人民熾盛，志性仁和慈孝*忠順。唯願聖王於此治政！我等當給使左右，承受所宜。』當時善見大王語小王言：『止！止！諸賢！汝等則為供養我已，但當以正法治，勿使偏枉，無令國內有非法行，此即名曰我之所治。』

「時諸小王聞此教已，即從大王巡行諸國，至東海表。次行南方、西方、北方，隨輪所至，其諸國王各獻國土，⊙亦如東方諸小王。此時善見王既隨金輪，周行四海以道開化，安慰民庶，已還本國拘舍婆城。時金輪寶在宮門上虛空中住，大善見王踊躍而言：『此金輪寶真為我瑞，我今真為轉輪聖王。』是為金輪寶成就。

「云何善見大王成就白象寶？時善見大王清旦在正殿上坐，自然象寶忽現在前，其毛純白七處平住，力能飛行其首雜色，六牙纖𦟛真金間填。時王見已，念言：『此象賢良，若善調者，可中御乘。』即試調習，諸能悉備。時善見大王欲自試象，即乘其上，清旦出城周行四海，食時已還。時善見王踊躍而言：『此白象寶真為我瑞，我今真為轉輪聖王。』是為象寶成就。

「云何善見大王成就馬寶？時善見大王清旦在正殿上坐，自然馬寶忽現在前，紺青色，朱髦尾，頭頸如*烏，力能飛行。時王見已，念言：『此馬賢良，若善調者，可中御乘。』即試調習，諸能悉備。時善見王欲自試馬寶，即乘其上，清旦出城周行四海，食時已還。時善見王踊躍而言：『此紺馬寶真為我瑞，我今真為轉輪聖王。』是為紺馬寶成就。

「云何善見大王神珠寶成就？時善見大王於清旦在正殿上坐，自然神珠忽現在前，質色清徹無有瑕穢。時王見已，言：『此珠妙好，若有光明，可照宮內。』時善見王欲試此珠，即召四兵，以此寶珠置高幢上，於夜冥中齎幢出城，其珠光明，照諸軍衆，猶如晝日。於軍衆外周匝，復能照一由旬。現城中人皆起作務，謂為是晝。時王善見踊躍而言：『今此神珠⊙寶真為我瑞，我今真為轉輪聖王。』是為神珠寶成就。

「云何善見大王成就玉女寶？時玉女寶忽然出現，顏色從容面貌端正，不長不短不麤不細，不白不黑不剛不柔，冬則身溫夏則身涼，舉身毛孔出栴檀香。口出優鉢羅華香，言語柔軟舉動安詳，先起後坐不失宜則。時王善見清淨無著，心不暫念，況復親近！時王善見踊躍而言：『此玉女寶真為我瑞，我今真為轉輪聖王。』是為玉女寶成就。

「云何善見大王居士寶成就？時居士丈夫忽然自出，寶藏自然財富無量。居士宿福，眼能徹視地中伏藏，有主無主皆悉見知。其有主者能為擁護，其無主者取給王用。時居士寶往白王言：『大王！有所給與不足為憂，我自能辦。』時善見王欲試居士寶，即勑嚴船於水遊戲，告居士曰：『我須金寶，汝速與我。』居士報曰：『大王小待，須至岸上。』王尋逼言：『我停須用，正今得來。』時居士寶被王嚴勑，即於船上長跪，以右手內著水中，水中寶瓶隨手而出，如蟲緣樹。彼居士寶亦復如是，內手水中，寶緣手出充滿船上，而白王言：『向須寶用，為須幾許？』時王善見語居士言：『止！止！吾無所須，向相試耳！汝今便為供養我已。』時彼居士聞王語已，尋以寶物還投水中。時善見王踊躍而言：『此居士寶真為我瑞，我今真為轉輪聖王。』是為居士寶成就。

「云何善見大王主兵寶成就？時主兵寶忽然出現，智謀雄猛英略獨決，即詣王所白言：『大王！有所討*伐王不足憂，我自能辦。』時善見大王欲試主兵寶，即集四兵而告之曰：『汝今用兵，未集者集，已集者放；未嚴者嚴，已嚴者解；未去者去，已去者住。』時主兵寶聞王語已，即令四兵，未集者集，已集者放；未嚴者嚴，已嚴者解；未去者去，已去者住。時善見王踊躍而言：『此主兵寶真為我瑞，我今真為轉輪聖王。』阿難！是為善見轉輪聖王成就七寶。

「何謂四神德？一者、長壽不夭，無能及者。二者、身強無患，無能及者。三者、顏貌端正，無能及者。四者、寶藏盈溢，無能及者。是為轉輪聖王成就七寶及四功德。

「阿難！時善見王久乃命駕，出遊後園，尋告御者：『汝當善御，安詳而行。所以然者，吾欲諦觀國土人民安樂無患。』時國人民路次觀者，復語侍人：『汝且徐行，吾欲諦觀聖王威顏。』阿難！時善見王慈育民物如父愛子，國民慕王如子仰父，所有珍奇盡以貢王，願垂納受在意所與。時王報曰：『且止！諸人！吾自有寶，汝可自用。』

「復於異時，王作是念：『我今寧可造作宮觀。』適生是意，時國人民詣王善見，各白王言：『我今為王造作宮殿。』王報之曰：『我今以為得汝供養，我有寶物，自足成辦。』時國人民復重哲王：『我欲與王造立宮殿。』王告人民：『隨汝等意。』時諸人民承王教已，即以八萬四千兩車，載金而來，詣拘舍婆城，造立法殿。時第二忉利妙匠天子默自思念：『唯我能堪與善見王起正法殿。』

「阿難！時妙匠天造⊙正法殿，長六十里，廣三十里，四寶莊嚴，下基平整，七重寶塼以砌其階。其法殿柱有八萬四千，金柱銀櫨，銀柱金櫨，琉璃、水精櫨柱亦然。繞殿周匝有四欄楯，皆四寶成，又四階陛亦四寶成。其法殿上有八萬四千寶樓，其金樓者銀為戶牖，其銀樓者金為戶牖，水精、琉璃樓戶亦然。金樓銀牀，銀樓金牀，綩綖細輭，金縷織成，布其座上，水精、琉璃樓牀亦然。其殿光明眩曜人目，猶日盛明無能視者。時善見王自生念言：『我今可於是殿左右起多隣園池。』即造園池，縱廣一由旬。

「又復自念：『於法殿前造一法池。』尋即施造，縱廣一由旬。其水清澄潔淨無穢，以四寶塼厠砌其下，繞池四邊欄楯周匝，皆以黃金、白銀、水精、琉璃四寶合成。其池*水中☆生眾雜華，優鉢羅華、波頭摩華、俱物頭華、分陀利華，出微妙香芬馥四散。其池四面陸地生華，阿醯物多華、瞻蔔華、波羅羅華、須曼陀華、婆師迦華、檀俱摩梨華。使人典池，諸行過者將入洗浴，遊戲清涼，隨意所欲，須漿與漿，須食與食。衣服、車馬、香華、財寶，不逆人意。

「阿難！時善見王有八萬四千象，金銀校飾，絡用寶珠，齊象王為第一。八萬四千馬，金銀校飾，絡用寶珠，力馬王為第一。八萬四千車，師子革絡，四寶莊嚴，金輪寶為第一。八萬四千珠，神珠寶為第一。八萬四千玉女，玉女寶為第一。八萬四千居士，居士寶為第一。八萬四千剎利，主兵寶為第一。八萬四千城，拘尸婆提城為第一。八萬四千殿，正法殿為第一。八萬四千樓，大正樓為第一。八萬四千牀，皆以黃金、白銀、衆寶所成，氍毹毾㲪，綩綖細軟，以布其上。八萬四千億衣，初摩衣、迦尸衣、劫波衣為第一。八萬四千種食，日日供設，味味各異。

「阿難！時善見王八萬四千象，乘齊象上，清旦出拘尸城，案行天下周遍四海，須臾之間還入城食。八萬四千馬，乘力馬寶清旦出遊，案行天下周遍四海，須臾之間還入城食。八萬四千車，乘金輪車駕力馬寶，清旦出遊，案行天下周遍四海，須臾之間還入城食。八萬四千神珠，以神珠寶照於宮內，晝夜常明。八萬四千玉女，玉女寶善賢給侍左右。八萬四千居士，有所給與任居士寶。八萬四千剎利，有所討罰任主兵寶。八萬四千城，常所治都在拘尸城。八萬四千殿，王所常止在正法殿。八萬四千樓，王所常止在大正樓。八萬四千座，王所常止在頗梨座，以安禪故。八萬四千億衣，上妙寶飾隨意所服，以慚愧故。八萬四千種食，王所常食，食自然飯，以知足故。

「時八萬四千象來現，王時蹋蹈衝突，傷害衆生不可稱數。時王念言：『此象數來多所損傷，自今而後，百年聽現一象。』如是轉次百年現，一周而復始。」

## 佛說長阿含經卷第三

# 佛說長阿含經卷第四

後秦弘始年佛陀耶舍共竺佛念譯

## 遊行經第二後

爾時佛告阿難：「時王自念：『我本積何功德，修何善本，今獲果報，巍巍如是？』復自思念：『以三因緣，致此福報。何謂三？一曰、布施，二曰、持戒，三曰、禪思，以是因緣，今獲大報。』王復自念：『我今已受人間福報，當復進修天福之業，宜自抑損去離憒鬧，隱處閑居以崇道術。』時王即命善賢寶女，而告之曰：『我今已受人間福報，當復進修天福之業，宜自抑損去離憒鬧，隱處閑居以崇道術。』女言：『唯諾，如大王教。』即勑內外，絕於侍覲。

「時王即昇法殿，入金樓觀，坐銀御林，思惟貪婬欲、惡不善，有覺、有觀，離生喜、樂，得第一禪。除滅覺、觀，內信歡悅，*斂心專一，無覺、無觀，定生喜、樂，得第二禪。捨喜守護，專*心不亂，自知身樂，賢聖所求，護念樂行，得第三禪。捨滅苦、樂，先除憂、喜，不苦不樂，護念清淨，得第四禪。

「時善見王起銀御牀，出金樓觀，詣大正樓，坐琉璃牀，修習慈心，遍滿一方，餘方亦爾，周遍廣普無二無量，除衆*瞋恨，心無嫉惡，靜默慈柔以自娛樂。悲、喜、捨心，亦復如是。

「時玉女寶默自念言：『久違顏色，思一侍覲，今者寧可奉現大王！』時寶女善賢告八萬四千諸婇女曰：『汝等宜各沐浴香湯，嚴飾衣服。所以然者，我等久違顏色，宜一奉覲。』諸女聞已，各嚴衣服，沐浴澡潔。時寶女善賢又告主兵寶臣集四種兵：『我等久違朝覲，宜一奉現。』時主兵臣卽集四兵，白寶女言：『四兵已集，宜知是時。』於是寶女將八萬四千婇女，四兵導從詣金多隣園，大衆震動聞聲于王。王聞聲已臨牕而觀，寶女卽前戶側而立。

「時王見女，尋告之曰：『汝止勿前，吾將出觀。』時善見王起頗梨座，出大正樓下正法殿，與玉女寶詣多隣園，就座而坐。時善見王容顏光澤有踰於常，善賢寶女卽自念言：『今者大王色勝於常，是何異瑞？』時女尋白大王：『今者顏色異常，將非異瑞，欲捨壽耶？今此八萬四千象，白象寶為第一。金銀交飾，珞用寶珠，自王所有，願少留意共相娛樂，勿便捨壽孤棄萬民。又八萬四千馬，力馬王為第一。八萬四千車，輪寶為第一。八萬四千珠，神珠寶第一。八萬四千女，玉女寶第一。八萬四千居士，居士寶第一。八萬四千剎利，主兵寶第一。八萬四千城，拘尸城第一。八萬四千殿，正法殿第一。八萬四千樓，大正樓第一。八萬四千座，寶飾⊙座第一。八萬四千億衣，柔軟⊙衣第一。八萬四千種食，味味珍異。凡此眾寶，皆王所有，願少留意共相娛樂，勿便捨壽孤棄萬民。』

「時善見王答寶女曰：『自汝昔來恭奉於我，慈柔敬順言無麤漏，今者何故乃作此語？』女白王曰：『不審所白有何不順？』王告女曰：『汝向所言象馬、寶車、金輪、宮觀、名服、餚饍，斯皆無常不可久保，而勸我留，豈是順耶？』女白王言：『不審慈順當何以言？』王告女曰：『汝若能言象馬、寶車、金輪、宮觀、名服、餚饍，斯皆無常不可久保，願不戀著以勞神思。所以然者，王命未幾當就後世，夫生有死合會有離，何有生此而永壽者？宜割恩愛以存道意。斯乃名曰敬順言也。』

「阿難！時玉女寶聞王此教，悲泣*歔欷☆，捫淚而言：『象馬、寶車、金輪、宮觀、名服、餚饍，斯皆無常不可久保，願不戀著以勞神思。所以然者，王壽未幾當就後世，夫生有死合會有離，何有生此而永壽者？宜割恩愛以存道意。』

「阿難！彼玉女寶撫此言頃，時善見王忽然命終，猶如壯士美飯一飡無有苦惱，魂神上生第七梵天。其王善見死七日後，輪寶、珠寶自然不現，象寶、馬寶、玉女寶、居士寶、主兵寶同日命終。城池、法殿、樓觀、寶飾、金多隣園，皆變為土木。」

佛告阿難：「此有為法，無常變易要歸磨滅，貪欲無厭消散人命，戀著恩愛無有知足。唯得聖智諦見道者，爾乃知足。阿難！我自憶念，曾於此處六返，作轉輪聖王，終措骨於此。今我成無上正覺，復捨性命措身於此，自今已後生死永絕，無有方土措吾身處，此最後邊更不受有。」

爾時世尊在拘尸那竭城本所生處，娑羅園中雙樹間，臨將滅度，告阿難曰：「汝入拘尸那竭城，告諸末羅：『諸賢！當知如來夜半於娑羅園雙樹間當般涅槃，汝等可往諮問所疑，面受教誡，宜及是時，無從後悔。』」

是時阿難受佛教已，卽從座起禮佛而去。與一比丘*垂淚而行，入拘尸城，見五百末羅以少因緣，集在一處。

時諸末羅見阿難來，卽起作禮於一面立，白阿難言：「不審尊者今入此城，何甚晚暮？欲何作為？」

阿難垂淚言：「吾為汝等欲相饒益，故來相告。卿等當知，如來夜半當般涅槃，汝等可往諮問所疑，面受教誡，宜及是時，無從後悔。」

時諸末羅聞是言已，舉聲悲號宛轉躃地，絕而復甦，譬如大樹根拔，枝條摧折。同舉聲言：「佛取滅度，何其駛哉！佛取滅度，何其速哉！羣生長衰，世間眼滅。」

是時阿難慰勞諸末羅言：「止！止！勿悲！天地萬物無生不終，欲使有為而常存者，無有是處。佛不云乎？合會有離，生必有盡。」

時諸末羅各相謂言：「吾等還歸，將諸家屬并持五百張白疊，共詣雙樹。」

時諸末羅各歸舍已，將諸家屬并持白疊，出拘尸城詣雙樹間，至阿難所。阿難遙見，默自念言：「彼人眾多，若一一見佛，恐未周聞，佛先滅度。我今寧可使於前夜，同時見佛。」

卽將五百末羅及其家屬，至世尊所，頭面禮足在一面立。阿難前白佛言：「某甲某甲諸末羅等及其家屬，問訊世尊起居增損。」佛報言：「勞汝等來，當使汝等壽命延長，無病無痛。」阿難乃能將諸末羅及其家屬，使見世尊。

時諸末羅頭面禮足，於一面坐。爾時世尊為說無常，示教利喜。時諸末羅聞法歡喜，卽以五百張疊奉上世尊，佛為受之，諸末羅卽從座起，禮佛而去。

是時拘尸城內有一梵志，名曰須跋，年百二十，耆舊多智，聞沙門瞿曇今夜於雙樹間當取滅度，自念言：「吾於法有疑，唯有瞿曇能解我意，今當及時自力而行。」

卽於其夜出拘尸城，詣雙樹間，至阿難所，問訊已一面立，白阿難曰：「我聞瞿曇沙門今夜當取滅度，故來至此求一相見。我於法有疑，願見瞿曇一決我意，寧有閑暇得相見不？」

阿難報言：「止！止！須跋！佛身有疾，無勞擾也。」

須跋固請，乃至再三：「吾聞如來時一出世，如優曇鉢花時時乃出，故來求現，欲決所疑，寧有閑暇暫相見不？」

阿難答如初：「佛身有疾，無勞擾也。」

時佛告阿難：「汝勿遮止，聽使來入，此欲決疑，無嬈亂也。設聞我法，必得開解。」

阿難乃告須跋：「汝欲覲佛，宜知是時。」

須跋卽入，問訊已一面坐，而白佛言：「我於法有疑，寧有閑暇一決所滯不？」

佛言：「恣汝所問。」

須跋卽問：「云何，瞿曇！諸有別衆自稱為師，不蘭迦葉、末迦梨憍舍*梨、阿浮陀翅舍金披羅、波浮迦旃、薩若毘耶梨弗、尼揵子，此諸師等各有異法。瞿曇沙門能盡知耶？不盡知耶？」

佛言：「止！止！用論此為，吾悉知耳！今當為汝說深妙法。諦聽！諦聽！善思念之。」

須跋受教，佛告之曰：「若諸法中，無八聖道者，則無第一沙門果，第二、第三、第四沙門果。須跋！以諸法中有八聖道故，便有第一沙門果，第二、第三、第四沙門果。須跋！今我法中有八聖道，有第一沙門果，第二、第三、第四沙門果，外道異衆無沙門果。」

爾時世尊為須跋而說頌曰：

我年二十九，　出家求善道；　須跋我成佛：　今已五十年。
戒定智慧行，　獨處而思惟；　今說法之要，　此外無沙門。

佛告須跋：「若諸比丘皆能自攝者，則此世間羅漢不空。」

是時須跋白阿難言：「諸有從沙門瞿曇已行梵行，今行、當行者，為得大利。阿難！汝於如來所修行梵行，亦得大利。我得面覲如來，諮問所疑，亦得大利。今者，如來則為以弟子莂而*莂我已。」

即白佛言：「我今寧得於如來法中出家受具戒不？」

佛告須跋：「若有異學梵志於我法中修梵行者，當試四月，觀其人行察其志性，具諸威儀無漏失者，則於我法得受具戒。須跋！當知在人行耳。」

須跋復白言：「外道異學於佛法中當試四月，觀其人行察其志性，具諸威儀無漏失者，乃得具戒。今我能於佛正法中四歲使役，具諸威儀無有漏失，乃受具戒。」

佛告須跋：「我先已說在人行耳。」

於是須跋即於其夜，出家受戒淨修梵行，於現法中自身作證：生死已盡，梵行已立，所作已辦，得如實智，更不受有。時夜未久即成羅漢，是為如來最後弟子，便先滅度而佛後焉。

是時阿難在佛後立，撫牀悲泣不能自勝，歔欷而言：「如來滅度，何其駛哉！世尊滅度，何其疾哉！大法淪曀，何其速哉！群生長衰，世間眼滅。所以者何？我蒙佛恩得在學地，所業未成而佛滅度。」

爾時世尊知而故問：「阿難比丘今為所在？」

時諸比丘白如來曰：「阿難比丘今在佛後，撫牀悲泣不能自勝，歔欷而言：『如來滅度，何其駛哉！世尊滅度，何其疾哉！大法淪曀，何其速哉！群生長衰，世間眼滅。所以者何？我蒙佛恩得在學地，所業未成而佛滅度。』」

佛告阿難：「止！止！勿憂莫悲泣也。汝侍我以來，身行有慈，無二無量；言行有慈，意行有慈，無二無量。阿難！汝供養我，功德甚大，若有供養諸天、魔、梵、沙門、婆羅門，無及汝者。汝但精進，成道不久。」

爾時世尊告諸比丘：「過去諸佛給侍弟子亦如阿難，未來諸佛給侍弟子亦如阿難。然過去佛給侍弟子，語然後知。今我阿難，舉目卽知，如來須是，世尊須是。此是阿難未曾有法，汝等持之。轉輪聖王有四奇特未曾有法，何等四？聖王行時，舉國民庶皆來奉迎，見已歡喜，聞教亦喜，瞻仰威顏無有厭足。轉輪聖王若住、若坐及與臥時，國內臣民盡來王所，見王歡喜，聞教亦喜，瞻仰威顏無有厭足，是為轉輪聖王四奇特法。今我阿難亦有此四奇特之法，何等四？阿難默然入比丘衆，*見皆歡喜，為衆說法，聞亦歡喜，觀其儀容，聽其說法，無有厭足。復次，阿難默然至比丘尼衆中、優婆塞衆中、優婆夷衆中，見俱歡喜，若與說法，聞亦歡喜，觀其儀容，聽其說法，無有厭足，是為阿難四未曾有奇特之法。」

爾時阿難偏露右肩，右膝著地，而白佛言：「世尊！現在四方沙門耆舊多智，明解經律，清德高行者來覲世尊，我因得禮敬，親覲問訊。佛滅度後，彼不復來，無所瞻對，當如之何？」

佛告阿難：「汝勿憂也。諸族姓子常有四念，何等四？一曰、念佛生處，歡喜欲見，憶念不忘，生戀慕心。二曰、念佛初得道處，歡喜欲見，憶念不忘，生戀慕心。三曰、念佛轉法輪處，歡喜欲見，憶念不忘，生戀慕心。四曰、念佛般泥洹處，歡喜欲見，憶念不忘，生戀慕心。阿難！我般泥洹後，族姓男女念佛生時，功德如是。佛得道時，神力如是。轉法輪時，度人如是。臨滅度時，遺法如是。各詣其處，遊行禮敬諸塔寺已，死皆生天，除得道者。」

佛告阿難：「我般涅槃後，諸釋種來求為道者，當聽出家，授具足戒，勿使留難。諸異學梵志來求為道，亦聽出家受具足戒，勿試四月。所以者何？彼有異論，若小稽留，則生本見。」

爾時阿難長跪叉手，前白佛言：「闡怒比丘虜*扈自用，佛滅度後當如之何？」

佛告阿難：「我滅度後，若彼闡怒不順威儀，不受教誡，汝等當共行梵檀罰，勅諸比丘不得與語，亦勿往返教授從事。」

是時阿難復白佛言：「佛滅度後，諸女人輩未受誨者，當如之何？」

佛告阿難：「莫與相見。」

阿難又白：「設相見者，當如之何？」

佛言：「莫與共語。」

阿難又白：「設與語者，當如之何？」

佛言：「當自撿心。阿難！汝謂佛滅度後，無復覆護，失所持耶？勿造斯觀，我成佛來所說經戒，即是汝護，是汝所持。阿難！自今日始，聽諸比丘捨小小戒。上下相*和當順禮度，斯則出家敬順之法。」

佛告諸比丘：「汝等若於佛、法、衆有疑，於道有疑者，當速諮問，宜及是時，無從後悔。及吾現存，當為汝說。」

時諸比丘默然無言。

佛又告曰：「汝等若於佛、法、衆有疑，於道有疑，當速諮問，宜及是時，無從後悔。及吾現存，當為汝說。」

時諸比丘又復默然。

佛復告曰：「汝等若自慚愧不敢問者，當因知識，速來諮問，宜及是時，無從後悔。」

時諸比丘又復默然。

阿難白佛言：「我信此衆皆有淨信，無一比丘疑佛、法、衆，疑於道者。」

佛告阿難：「我亦自知今此衆中最小比丘皆見道迹，不趣惡道，極七往返，必盡苦際。」

爾時世尊卽記莂千二百弟子所得道果。

時世尊披鬱多羅僧，出金色臂，告諸比丘：「汝等當觀如來時時出世，如優曇鉢花時一現耳。」

爾時世尊重觀此義，而說偈言：

右臂紫金色，　佛現如靈瑞；　去來行無常，　現滅無放逸。

「是故，比丘！無為放逸。我以不放逸故，自致正覺。無量衆善，亦由不放逸得，一切萬物無常存者。此是如來末後所說。」

於是世尊卽入初禪[1]，從初禪起，入第二禪。從第二禪起，入第三禪。從第三禪起，入第四禪。從第四禪起，入空處定。從空處定起，入識處定。從識處定起，入不用定。從不用定起，入有想無想定。從有想無想定起，入滅想定。

是時阿難問阿那律：「世尊已般涅槃耶？」阿那律言：「未也，阿難！世尊今者在滅想定。我昔親從佛聞，從四禪起，乃般涅槃。」

於時世尊從滅想定起，入有想無想定。從有想無想定起，入不用定。從不用定起，入識處定。從識處定起，入空處定。從空處定起，入第四禪。從第四禪起，入第三禪。從三禪起，入第二禪。從二禪起，入第一禪。從第一禪起，入第二禪。從二禪起，入第三禪。從三禪起，入第四禪。從四禪起，佛般涅槃。

當於爾時地大震動，諸天、世人皆大驚怖。諸有幽冥日月光明所不照處，皆蒙大明，各得相見，迭相謂言：「彼人生此，彼人生此。」其光普遍，過諸天光。

時忉利天於虛空中，以*曼陀羅花、優鉢羅、波頭摩、拘摩頭、分陀利花散如來上，及散眾會。又以天末栴檀而散佛上，及散大眾。

佛滅度已，時梵天王於虛空中以偈頌曰：

一切昏萌類，　皆當捨諸陰；
佛為無上尊，　世間無等倫。
如來大聖雄，　有無畏神力；
世尊應久住，　而今般涅槃。

爾時釋提桓因復作頌曰：

陰行無有常，　但為興衰法；　生者無不死，　佛滅之為樂。

爾時毘沙門王復作頌曰：

福樹大叢林，　無上福娑羅；　受供之良田，　雙樹間滅度。

爾時阿那律復作頌曰：

佛以無為住，　不用出入息；　本由寂滅來，　靈曜於是沒。

爾時梵摩那比丘復作頌曰：

不以懈慢心，　約己修上慧；　無著無所染，　離愛無上尊。

爾時阿難比丘復作頌曰：

天人懷恐怖，　衣毛為之竪；　一切皆成就，　正覺取滅度。

爾時金毘羅神復作頌曰：

世間失覆護，　群生永盲冥；　不復覩正覺，　人雄釋師子。

爾時密迹力士復作頌曰：

今世與後世，　梵世諸天人，　更不復覩見，　人雄釋師子。

爾時佛母摩耶復作頌曰：

佛生樓毘園，　其道廣流布；　還到本生處，　永棄無常身。

爾時雙樹神復作頌曰：

何時當復以，　非時花散佛；　十力功德具，　如來取滅度。

爾時娑羅園林神復作頌曰：

此處最妙樂，　佛於此生長；　卽此轉法輪，　又於此滅度。

爾時四天王復作頌曰：

如來無上智，　常說無常論；　解群生苦縛，　究竟入寂滅。

爾時忉利天王復作頌曰：

於億千萬劫，　求成無上道；　解群生苦縛，　究竟入寂滅。

爾時焰天王復作頌曰：

此是最後衣，　纏裹如來身；　佛既滅度已，　衣當何處施？

爾時兜率陀天王復作頌曰：

此是末後身，　陰界於此滅；　無憂無喜想，　無復老死患。

爾時化自在天王復作頌曰：

佛於今後夜，　偃右脇而臥；　於此娑羅園，　釋師子滅度。

爾時他化自在天王復作頌曰：

世間永衰冥，　星王月奄墜；　無常之所覆，　大智日永翳。
是身如泡沫，　危脆誰當樂？　佛得金剛身，　猶為無常壞。
諸佛金剛體，　皆亦歸無常；　速滅如少雪，　其餘復何*異？

爾時異比丘而作頌曰：

佛般涅槃已，時諸比丘悲慟殞絕，自投於地宛轉號咷，不能自勝歔欷而言：「如來滅度，何其駛哉！世尊滅度，何其疾哉！大法淪翳，何其速哉！羣生長衰，世間眼滅。譬如大樹根拔，枝條摧折。又如斬蛇，宛轉迴遑，莫知所奉。」

時諸比丘亦復如是，悲慟殞絕，自投於地宛轉號咷，不能自勝歔欷而言：「如來滅度，何其駛哉！世尊滅度，何其疾哉！大法淪翳，何其速哉！羣生長衰，世間眼滅。」

爾時長老阿那律告諸比丘：「止！止！勿悲！諸天在上，儻有恠責。」

時諸比丘問阿那律：「上有幾天？」

阿那律言：「充滿虛空，豈可計量？皆於空中徘徊騷擾，悲號躃踊，垂淚而言：『如來滅度，何其駛哉！世尊滅度，何其疾哉！大法淪翳，何其速哉！羣生長衰，世間眼滅。譬如大樹根拔，枝條摧折。又如斬蛇，宛轉迴遑，莫知所奉。』是時諸天亦復如是，皆於空中徘徊騷擾，悲號躃踊，垂淚而言：『如來滅度，何其駛哉！世尊滅度，何其疾哉！大法淪翳，何其速哉！羣生長衰，世間眼滅。』」

時諸比丘竟夜達曉，講法語已，阿那律告阿難言：「汝可入城，語諸末羅：『佛已滅度，所欲施作宜及時為。』」

是時阿難即起，禮佛足已，將一比丘涕泣入城，遙見五百末羅以少因緣，集在一處。諸末羅見阿難來，皆起奉迎禮足而立，白阿難言：「今來何早？」

阿難答言：「我今為欲饒益汝故，晨來至此。汝等當知，如來昨夜已取滅度，汝欲施作宜及時為。」

時諸末羅聞是語已，莫不悲慟，捫淚而言：「一何駛哉！佛般涅槃。一何疾哉！世間眼滅。」

阿難報曰：「止！止！諸君勿為悲泣，欲使有為不變易者，無有是處。佛已先說：『生者有死，合會有離，一切恩愛無常存者。』」

時諸末羅各相謂言：「宜各還歸，辦諸香花及衆伎樂，速詣雙樹供養舍利。竟一日已，以佛舍利置於牀上，使末羅童子擧牀四角，擎持幡蓋，燒香散華，伎樂供養，入東城門遍諸里巷，使國人民皆得供養。然後出西城門，詣高顯處而闍維之。」

時諸末羅作此論已，各自還家，供辦香華及衆伎樂，詣雙樹間，供養舍利。竟一日已，以佛舍利置於牀上，諸末羅等衆來擧牀，皆不能勝。

時阿那律語諸末羅：「汝等且止，勿空疲勞，今者諸天欲來擧牀。」諸末羅曰：「天以何意欲擧此牀？」

阿那律曰：「汝等欲以香花伎樂供養舍利，竟一日已，以佛舍利置於牀上，使末羅童子舉牀四角，擎持幡蓋，燒香散花，伎樂供養，入東城門遍諸里巷，使國人民皆得供養。然後出西城門，詣高顯處而闍維之。而諸天意欲留舍利七日之中，香花伎樂，禮敬供養。然後以佛舍利置於牀上，使末羅童子舉牀四角，擎持幡蓋，散花燒香，作衆伎樂，供養舍利，入東城門遍諸里巷，使國人民皆得供養。然後出城北門，渡*熙連禪河，到天冠寺而闍維之。是上天意，使牀不動。」

末羅曰：「諾！快哉斯言！隨諸天意。」

時諸末羅自相謂言：「我等宜先入城，街里*巷陌☆，平治道路掃灑燒香，還來至此，於七日中供養舍利。」

時諸末羅即共入城，街里*巷陌☆，平治道路掃灑燒香，訖已出城，於雙樹間，以香花伎樂供養舍利。訖七日已，時日向暮，舉佛舍利置於牀上，末羅童子奉舉四角，擎持幡蓋，燒香散花，作眾伎樂，前後導從安詳而行。

時忉利諸天以文陀羅花、優鉢羅花、波頭摩花、拘物頭花、分陀利花、天末栴檀散舍利上，充滿街路。諸天作樂，鬼神歌詠。時諸末羅自相謂言：「且置人樂，請設天樂供養舍利。」於是末羅奉牀漸進，入東城門，止諸街巷，燒香散花，伎樂供養。時有路夷末羅女篤信佛道，手擎金花大如車輪，供養舍利。時有一老母舉聲讚曰：「此諸末羅為得大利，如來末後於此滅度，舉國士民快得供養。」

時諸末羅設供養已，出城北門，渡*熙連禪河到天冠寺，置牀於地，告阿難曰：「我等當復以何供養？」阿難報曰：「我親從佛聞，親受佛教，欲葬舍利者，當如轉輪聖王葬法。」

又問阿難：「轉輪聖王葬法云何？」

答曰：「聖王葬法，先以香湯洗浴其身，以新劫貝周遍纏身，五百張疊次如纏之。內身金棺，灌以麻油畢，舉金棺置於第二大鐵槨中，栴檀香槨次重於外。積衆名香，厚衣其上而闍維之。收*斂舍利，於四衢道起立塔廟，表剎懸繒，使國行人皆見王塔，思慕正化，多所饒益。『阿難！汝欲葬我，先以香湯洗浴，用新劫貝周匝纏身，以五百張疊次如纏之。內身金棺，灌以麻油畢，舉金棺置於第二大鐵槨中，栴檀香槨次重於外。積衆名香，厚衣其上而闍維之。收*斂舍利，於四衢道起立塔廟，表刹懸繒，使諸行人皆見佛塔，思慕如來法王道化，生獲福利，死得上天，除得道者。』」

時諸末羅各相謂言：「我等還城，供辦葬具、香花、劫貝、棺槨、香油及與白疊。」

時諸末羅即共入城，供辦葬具已，還到天冠寺，以淨香湯洗浴佛身，以新劫貝周匝纏身，五百張疊次如纏之。內身金棺，灌以香油，奉舉金棺置於第二大鐵槨中，栴檀木槨重衣其外，以衆名香而積其上。

時有末羅大臣名曰路夷，執大炬火欲燃佛*蘱，而火不燃。又有大末羅次前*燃蘱，火又☆不燃。時阿那律語諸末羅言：「止！止！諸賢！非汝所能。火滅不燃，是諸天意。」

末羅又問：「諸天何故使火不燃？」

阿那律言：「天以大迦葉將五百弟子從波婆國來，今在半道，及未闍維欲見佛身，天知其意故⊙使火不燃。」

末羅又言：「願遂此意。」

爾時大迦葉將五百弟子從波婆國來，在道而行，遇一尼乾子手執*曼陀羅花。時大迦葉遙見尼乾子，就往問言：「汝從何來？」報言：「吾從拘尸城來。」

迦葉又言：「汝知我師[1]乎？」

答曰：「知。」

又問：「我師存耶？」

答曰：「滅度已來，已經七日，吾從彼來，得此天華。」

迦葉聞之，悵然不悅。時五百比丘聞佛滅度，皆大悲泣宛轉號咷，不能自勝捫淚而言：「如來滅度，何其駛哉！世尊滅度，何其疾哉！大法淪翳，何其速哉！群生長衰，世間眼滅。譬如大樹根拔，枝條摧折。又如斬蛇，宛轉迴遑，莫知所奉。」

時彼衆中有釋種子，字拔難陀，止諸比丘言：「汝等勿憂，世尊滅度，我得自在。彼者常言：『當應行是，不應行是。』自今已後，隨我所為。」

迦葉聞已悵然不悅，告諸比丘曰：「速嚴衣鉢時詣雙樹，及末闍維可得見佛。」

時諸比丘聞大迦葉語已，卽從座起，侍從迦葉詣拘尸城，渡尼連禪河水，到天冠寺，至阿難所。問訊已一面住，語阿難言：「我等欲一面覲舍利，及未闍維，寧可見不？」

阿難答言：「雖未闍維，難復可見。所以然者，佛身既洗以香湯，纏以劫貝，五百張疊次如纏之。藏於金棺，置於鐵槨中，栴檀香槨重衣其外，以為佛身難復可覩。」

迦葉請至三，阿難答如初，以為佛身難復得見。

時大迦葉適向香積，於時佛身從重槨內雙出兩足，足有異色。迦葉見已，怪問阿難：「佛身金色，*足何故異？」阿難報曰：「向者有一老母悲哀而前，手撫佛足淚墮其上，故色異耳。」

迦葉聞已又大不悅，即向香積禮佛舍利。時四部眾及上諸天同時俱禮，於是佛足忽然不現。時大迦葉繞積三匝，而作頌曰：

諸佛無等等，　聖智不可稱；　無等之聖智，　我今稽首禮。
無等等沙門，　最上無瑕穢；　牟尼絕愛枝，　大仙天人尊；
人中第一雄，　我今稽首禮。
苦行無等侶，　離著而教人；　無染無垢塵，　稽首無上尊。

三垢垢已盡，　樂於空寂行；　無二無疇匹，　稽首十力尊。
*善逝為最上，　二足尊中尊；　覺四諦止息，　稽首安隱智。
沙門中無止，　迴邪令入正；　世尊施寂滅，　稽首湛然迹。
無熱無瑕*隙，　其心當寂定；　練除諸塵穢，　稽首無垢尊。
慧眼無限量，　甘露*威名稱；　希有難思議，　稽首無等倫。
吼聲如師子，　在林無所畏；　降魔越四姓，　是故稽首禮。

大迦葉有大威德，四辯具足，說此偈已，時彼佛積不燒自燃。諸末羅等各相謂言：「今火猛熾焰盛難止，闍維舍利或能消盡，當於何所求水滅之？」

時佛積側有娑羅樹神，篤信佛道，尋以神力滅佛積火。

時諸末羅復相謂言：「此拘尸城左右十二由旬，所有香花盡當採取，供佛舍利。」

尋詣城側，取諸香花以用供養。

時波婆末羅民衆，聞佛於雙樹滅度，皆自念言：「今我宜往求舍利分，自於本土起塔供養。」

時波婆國諸末羅卽下國中，嚴四種兵，象兵、馬兵、車兵、步兵，到拘尸城，遣使者言：「聞佛衆祐止此滅度，彼亦我師，敬慕之心來請骨分，當於本國起塔供養。」

拘尸王答曰：「如是！如是！誠如所言，但為世尊垂降此土，於茲滅度，國內士民當自供養。遠勞諸君，⊙求舍利分不可得。」

時遮羅頗國諸跋離民衆，及羅摩伽國拘利民衆、毘留提國婆羅門衆、迦維羅衛國釋種民衆、毘舍離國離車民衆，及摩竭王阿闍世，聞如來於拘尸城雙樹間而取滅度，皆自念言：「今我宜往，求舍利分。」

時諸國王阿闍世等即下國中，嚴四種兵，象兵、馬兵、車兵、步兵，進渡恒水，即勅婆羅門香姓：「汝持我名入拘尸城，致問諸末羅等：『起居輕利，遊步強耶？吾於諸賢每相宗敬，鄰境義和曾無諍訟。我聞如來於君國內而取滅度，唯無上尊實我所天，故從遠來求請骨分，欲還本土起塔供養。設與我者，舉國重寶與君共之。』」

時香姓婆羅門受王教已，即詣彼城，語諸末羅曰：「摩竭大王致問無量：『起居輕利，遊步強耶？吾於諸君每相宗敬，鄰境義和曾無諍訟。我聞如來於君國內而取滅度，唯無上尊實我所天，故從遠來求請骨分，欲還本土起塔供養。設與我者，舉國重寶與君共之。』」

時諸末羅報香姓曰：「如是！如是！誠如君言，但為世尊垂降此土，於茲滅度，國內士民自當供養。遠勞諸君，⊙求舍利分不可得。」

時諸國王卽集羣臣，衆共立議，作頌告曰：

吾等和議，　遠來拜首，　遜言求分，　如不見與，
四兵在此，　不惜身命，　義而弗獲，　當以力取。

時拘尸國卽集群臣，衆共立議，以偈答曰：

遠勞諸君，　屈辱拜首，　如來遺形，　不敢相許，
彼欲舉兵，　吾斯亦有，　畢命相抵，　未之有畏。

時香姓婆羅門曉衆人曰：「諸賢！長夜受佛教誡，口誦法言，心服仁化，一切衆生常念欲安，寧可*爭佛舍利共相殘害？如來遺形欲以廣益，舍利現在但當分取。」

衆咸稱善，尋復議言：「誰堪分者？」

皆言香姓婆羅門仁智平均，可使分也。

時諸國王卽命香姓：「汝為我等分佛舍利，均作八分。」

於時香姓聞諸王語已，卽詣舍利所，頭面禮畢，徐前取佛上牙，別置一面。尋遣使者齎佛上牙，詣阿闍世王所，語使者言：「汝以我聲，上白大王：『起居輕利，遊步強耶？舍利未至，傾遲無量耶？今付使者如來上牙，竝可供養以慰企望，明星出時，分舍利訖，當自奉送。』」

時彼使者受香姓語已，即詣阿闍世王所，白言：「香姓婆羅門致問無量：『起居輕利，遊步強耶？舍利未至，傾遲無量耶？今付使者如來上牙，並可供養以慰企望，明星出時，分舍利訖當自奉送。』」

爾時香姓以一瓶受一石許，即分舍利均為八分已，告眾人言：「願以此瓶，眾議見與，自欲於舍起塔供養。」皆言：「智哉！是為知時。」即共聽與。

時有畢鉢村人白眾人言：「乞地燋炭，起塔供養。」皆言與之。

⊙爾時拘尸國人得舍利分，即於其土起塔供養。波婆國人、遮羅國、羅摩伽國、毘留提國、迦維羅衛國、毘舍離國、摩竭國阿闍世王等，得舍利分已，各歸其國起塔供養。香姓婆羅持舍利瓶歸起塔廟，畢鉢村人持地燋炭歸起塔廟。當於爾時，如來舍利起於八塔，第九瓶塔，第十炭塔，第十一生時髮塔。

何等時佛生？⊙何等時出家☆？何等時成道？何等時滅度？

沸星出時生，沸星出出家，沸星出成道，沸星出滅度⑰。

何等生二足尊？何等出叢林苦？

何等得最上道？何等入涅槃城？

沸星生二足尊，沸星出叢林苦，

沸星得最上道，沸星入涅槃城。

八日如來生，八日佛出家，八日成菩提，八日取滅度。

八日生二足尊，八日出叢林苦，
八日成最上道，八日入泥洹城。
二月如來生，二月佛出家，二月成菩提，*二月☆取涅槃。
二月生二足尊，二月出叢林苦，
二月得最上道，*二月☆入涅槃城。
娑羅花熾盛，種種光相照；於其本生處，如來取滅度。
大慈般涅槃，多人稱讚禮；盡度諸恐畏，決定取滅度。

# 佛說長阿含經卷第四

# 佛說長阿含經卷第五

後秦弘始年佛陀耶舍共竺佛念譯

## （三）第一分典尊經第三

如是我聞：一時，佛在羅閱祇耆闍崛山，與大比丘眾千二百五十人俱。

爾時執樂天般遮翼子，於夜靜寂無人之時，放大光明照耆闍崛山，來至佛所，頭面禮佛足已，在一面立。時般遮翼白世尊言：「昨梵天王至忉利天，與帝釋共議。我親從彼聞，今者寧可向世尊說不？」

佛言：「汝欲說者，便可說之。」

般遮翼言：「一時忉利諸天集法講堂，有所講論。時四天王隨其方面，各當位坐，提帝賴吒天王在東方坐，其面西向，帝釋在前。毘樓勒天王在南方坐，其面北向，帝釋在前。毘樓博叉天王在西方坐，其面東向，帝釋在前。毘沙門天王在北方坐，其面南向，帝釋在前。時四天王皆先坐已，然後我坐。復有餘大神天，皆先於佛所淨修梵行，於此命終生忉利天，使彼諸天增益五福：一者、天壽，二者、天色，三者、天名稱，四者、天樂，五者、天威德。時諸忉利天皆踊躍歡喜言：『增益諸天眾，減損阿須倫眾。』爾時釋*提桓☆因知諸天人有歡喜心，即為忉利諸天而作頌曰：

忉利諸天人，　帝釋相娛樂；　禮敬於如來，　最上法之王。
諸天受影福，　壽色名樂威；　於佛修梵行，　故來生此間。
復有諸天人，　光色甚巍巍；　佛智慧弟子，　生此復殊勝。
忉利及因提，　思惟此自樂；　禮敬於如來，　最上法之王。

「爾時忉利諸天聞此偈已，倍復歡喜不能自勝，增益諸天眾，減損阿須倫眾。釋提桓因見忉利天歡喜悅豫，即告之曰：『諸賢！汝等頗欲聞如來八無等法不？』時忉利諸天言：『願樂欲聞。』

「帝釋報言：『諦聽！諦聽！善思念之。諸賢！如來、至真、等正覺，十號具足，不見過去、未來、現在有如來、至真，十號具足，如佛者也。佛法微妙，善可講說，智者所行，不見過去、未來、現在有微妙法，如佛者也。佛由此法而自覺悟，通達無礙以自娛樂，不見過去、未來、現在能於此法而自覺悟，通達無礙以自娛樂，如佛者也。諸賢！佛以此法自覺悟已，亦能開示涅槃徑路，親近漸至入於寂滅。譬如恒河水、炎摩水，二水竝流入於大海。佛亦如是，善能開示涅槃徑路，親近漸至入于寂滅，不見過去、未來、現在有能開示涅槃徑路，如佛者也。諸賢！如來眷屬成就，剎利、婆羅門、居士、沙門、有智慧者，皆是如來成就眷屬，不見過去、未來、現在眷屬成就，如佛者也。諸賢！如來大眾成就，所謂比丘、比丘尼、優婆塞、優婆夷，不見過去、未來、現在大眾成就，如佛者也。諸賢！如來言行相應，所言如行，所行如言，如是則為法法成就，不見過去、未來、現在言行相應，法法成就，如佛者也。諸賢！如來多所饒益，多所安樂，以慈愍心利益天人，不見過去、未來、現在多所饒益，多所安樂，如佛者也。諸賢！是為如來八無等法。』

「時忉利天作是說言：『若使世間有八佛出者，當大增益諸天眾，減損阿須倫眾。』時忉利天言：『且置八佛，正使七佛、六佛，乃至二佛出世者，亦大增益諸天眾，減損阿須倫眾，何況八佛？』時釋提桓因告忉利天言：『我從佛聞，親從佛受，欲使一時二佛出世，無有是處，但使如來久存於世，多所慈愍，多所饒益，天人獲安，則大增益諸天⊙眾，減損阿須倫眾。』」

時般遮翼白佛言：「世尊！忉利諸天所以集法講堂上者，共議思惟，稱量觀察，有所教令，然後為四天王。四天王受教已，各當位而坐，其坐未久，有大異光照于四方。時忉利天見此光已，皆大驚愕：『今此異光，將有何怪？』諸大神天有威德者，亦皆驚怖：『今此異光，將有何怪？』時大梵王即化為童子，頭五角髻，在大眾上虛空中立，顏貌端正與眾超絕，身紫金色蔽諸天光。時忉利天亦不起迎，亦不恭敬，又不請坐。時梵童子隨所詣坐，坐生欣悅。譬如刹利水澆頭種，登王位時踊躍歡喜。來坐未久復自變身，作童子像頭五角髻，在大眾上虛空中坐，譬如力士坐於安座，嶷然不動而作頌曰：

忉利諸天人，　帝釋相娛樂；　禮敬於如來，　最上法之王。

諸天受影福，　壽色名樂威；　於佛修梵行，　故來生此間。
復有諸天人，　光色甚巍巍；　佛智慧弟子，　生此復殊勝。
忉利及因提，　思惟此自樂；　禮敬於如來，　最上法之王。

「時諸忉利天語童子曰：『吾等聞天帝釋稱說如來八無等法，歡喜踊躍不能自勝。』時梵童子語忉利天言：『何等如來八無等法？吾亦樂聞。』時天帝釋即為童子說如來八無等法。忉利諸天、童子聞說已，倍復歡喜不能自勝，增益諸天眾，減損阿須倫眾。是時童子見天歡喜，復增欣躍，即告忉利天曰：『汝等欲聞一無等法不？』天曰：『善哉！願樂欲聞。』

「童子告曰：『汝樂聞者，諦聽！諦受！當為汝說。』告諸天曰

：『如來往昔為菩薩時，在所生處聰明多智。諸賢！當知過去久遠時，世有王名曰地主，第一太子名曰慈悲。王有大臣名曰典尊，大臣有子名曰焰鬘。太子慈悲有朋友，其朋亦與六剎利大臣而為朋友。地主大王欲入深宮遊戲娛樂時，即以國事委付典尊大臣，然後入宮作倡伎樂，五欲自娛。時典尊大臣欲理國事，先問其子然後決斷，有所處分亦問其子。

「『其後典尊忽然命終，時地主王聞其命終，愍念哀傷，撫膺而曰：「咄哉！何辜失國良*輔？」太子慈悲默自念*言：「王失典尊以為憂苦，今我宜往諫於大王，無以彼喪而生憂苦。所以然者，典尊有子名曰焰鬘，聰明多智乃過其父，今可徵召以理國事。」時慈悲太子即詣王所，具以上事白其父王。◉王聞太子語已，即召焰鬘而告之曰：「吾今以汝補卿父處，授汝相印。」彼時焰鬘受相印已，王欲入宮，復付後事。

「『時相焰鬘明於治理，父先所為焰鬘亦知，父所不及焰鬘亦知。其後名稱流聞海內，天下咸稱為大典尊。時大典尊後作是念：「今王地主年已朽邁，餘壽未幾，若以太子紹王位者，未為難也，我今寧可先往語彼六剎利大臣：今王地主年已朽邁，餘壽未幾，若以太子紹王位者，未為難也。君等亦當別封王土，居位之日，勿相忘也。」

「『時大典尊即往詣六剎利大臣，而告之曰：「諸君！當知今王地主年已朽邁，餘壽未幾，若以太子紹王位者，未為難也。汝等可往白太子此意：我等與尊生小知舊，尊苦我苦，尊樂我樂。今王衰老，年已朽邁，餘壽未幾，今者太子紹王位者，未為難也。尊設登位，當與我封。」時六刹利大臣聞其語已，卽詣太子，說如上事。太子報言：「設吾登位，列土封國，當更與誰？」

「『時王未久忽然而崩，國中大臣尋拜太子補王正位。王居位已，默自思念：「今立宰相，宜准先王。」復自思念：「誰堪此舉？正當卽任大典尊位。」時王慈悲*卽告大典尊：「我今使汝卽於相位，授以印信，汝當勤憂，綜理國事。」時大典尊聞王教已，卽受印信。王每入宮，*輒以後事付大典尊。

「『大典尊復自念言：「吾今宜往六刹利所，問其寧憶昔所言不？」即尋往詣語剎利曰：「汝今寧憶昔所言不？今者太子以登王位，隱處深宮，五欲自娛。汝等今者可往問王：王居天位，五欲自娛，寧復能憶昔所言不？」時六剎利聞是語已，即詣王所，白大王言：「王居天位，五欲自娛，寧復能憶昔所言不？列土封邑，誰應居之？」王曰：「不忘昔言。列土封邑，非卿而誰？」王復自念：「此閻浮提地，內廣外狹，誰能分此以為七分？」復自念言：「唯有大典尊乃能分*耳。」即告之曰：「汝可分此閻浮提地，使作七分。」

「『時大典尊即尋分之，王所治城，村邑郡國，皆悉部分，六剎利國亦與分部。王自慶言：「我願已果。」時六剎利復自慶幸：「我願已果，得成此業，大典尊力也。」六剎利王復自思念：「吾國初建，當須宰輔，誰能堪任？如大典尊，即當使之，通領國事。」爾時六剎利王即命典尊，而告之曰：「吾國須相，卿當為吾通領國事。」於是六國各授相印。

「『時大典尊受相印已，六王入宮遊觀娛樂，時皆以國事付大典尊。大典尊理七國事，無不成*辦。時國內有七大居士，典尊亦為處分家事，又能教授七百梵志諷誦經典。七王敬視大典尊相，猶如神明，國七居士視如大王，七百梵志視如梵天。時七國王、七大居士、七百梵志皆自念言：「大典尊相，常與梵天相見，言語坐起親善。」

「『時大典尊默識七王、居士、梵志意，謂我常與梵天相見，言語坐起，然我實不見梵天，不與言語，不可餐默，虛受此稱。我亦曾聞諸先宿言，於夏四月閑居靜處，修四無量者，梵天則下，與共相見。今我寧可修四無量，使梵天下，共相見不？於是典尊至七王所而白王言：「唯願大王顧臨國事！我欲於夏四月修四無量。」七王告曰：「宜知是時。」大典尊相又告七居士：「汝等各勤己務，吾欲夏四月修四無量。」居士曰：「諾！宜知是時。」又告七百梵志：「卿等當勤諷誦，轉相教授，我欲於夏四月修四無量。」梵志曰：「諾！今者大師宜知是時。」

「『時大典尊於彼城東造閑靜室，於夏四月，卽於彼止修四無量，然彼梵天猶不來下。典尊自念：「我聞先宿舊言，於夏四月，修四無量，梵天下現。今者寂然，聊無髣髴。」時大典尊以十五日月滿時，出其靜室，於露地坐。坐未久頃，有大光現，典尊默念：「今此異光，將無是梵欲下瑞耶？」

「『時梵天王卽化為童子，五角髻，在典尊上虛空中坐，典尊見已卽說頌曰：

此是何天像，　在於虛空中，
光照於四方，　如大火積燃？

「『時梵童子以偈報曰：

唯梵世諸天，　知我梵童子，
其餘人謂我，　祀祠於大神。

「『時大典尊以偈報曰：

今我當諮承，　奉誨致恭敬，
設種種上味，　願天知我心。

「『時梵童子⊙復以偈報曰：

典尊汝所修，　為欲何志求？　今設此供養，　當為汝受之。

「『又告大典尊：「汝若有所問，自恣問之，當為汝說。」時大典尊卽自念言：「我今當問現在事耶？①未然事耶？」復自念言：「今世現事用復問為？當問未然幽冥之事。」卽向梵童子以偈問曰：

今我問梵童，　能決疑無疑，　學何住何法，　得生於梵天？

「『時梵童子以偈報曰：

當捨我人想，　獨處修慈心，　除欲無臭穢，　乃得生梵天。

「『時大典尊聞是偈已，卽自念言：「梵童子說偈，宜除臭穢，我不解此，今宜更問。」時大典尊卽以偈問曰：

梵偈言臭穢，　願今為我說，　誰開世間門，　墮惡不生天？

「『時梵童子以偈報曰：

欺妄懷嫉妬，　習慢增上慢，　貪欲瞋恚癡，　自恣藏於心。
此世間臭穢，　今說令汝知，　此開世間門，　墮惡不生天。

「『時大典尊聞此偈已，復自念言：「梵童子所說臭穢之義我今已解，但在家者無由得除，今我寧可捨世出家，剃除鬚髮，法服修道耶？」

「『時梵童子知其志念，以偈告曰：

汝能有勇猛，　此志為勝妙；　智者之所為，　死必生梵天。

「『於是梵童子忽然不現。

「『時大典尊還詣七王白言：「大王！唯願垂神善理國事，今我意欲出家離世，法服修道。所以者何？我親於梵童子聞說臭穢，心甚惡之。若在家者，無由得除。」彼時七王卽自念言：「凡婆羅門多貪財寶，我今寧可大開庫藏，恣其所須，使不出家。」時七國王卽命典尊，而告之曰：「設有所須，吾盡相與，不足出家。」時大典尊尋白王曰：「我今以為蒙王賜已，我亦大有財寶，今者盡留以上大王，願聽出家，遂我志願！」

「『時七國王復作是念：「凡婆羅門多貪美色，今我寧可出宮婇女，以滿其意，使不出家。」王卽命典尊而告之曰：「若須婇女，吾盡與汝，不足出家。」典尊報曰：「我今已為蒙王賜已，家內自有婇女眾多，今盡放遣，求離恩愛出家修道。所以然者，我親從梵童子聞說臭穢，心甚惡之。若在家者，無由得除。」

「『時大典尊向慈悲王，以偈頌曰：

王當聽我言，　王為人中尊，
賜財寶婇女，　此*實非所樂。

「『時慈悲王以偈報曰：

檀特伽陵城，　阿婆布和城，
阿槃大天城，　鴦伽瞻婆城，
數彌薩羅城，　西陀路樓城，
婆羅伽尸城，　盡汝典尊造。
五欲有所少，　吾盡當相與；
宜共理國事，　不足出家去。

「『時大典尊以偈報曰：

我五欲不少，　自不樂世間；
已聞天所語，　無心復在家。

「『時慈悲王以偈報曰：

大典尊所言，　為從何天聞，　捨離於五欲？　今問當答我。

「『時大典尊以偈答曰：

昔我於靜處，　獨坐自思惟；　時梵天王來，　普放大光明；

我從彼聞已，　不樂於世間。

「『時慈悲王以偈告曰：

小住大典尊，　共弘善法化；　然後俱出家，　汝即為我師。

譬如虛空中，　清淨琉璃滿；　今我清淨信，　充徧佛法中。

「『時大典尊復作頌曰：

諸天及世人，　皆應捨五欲，　蠲除諸穢汚，　淨修於梵行。

「『爾時七國王語大典尊曰：「汝可留住七歲之中，極世五欲共相娛樂，然後捨國各付子弟，俱共出家，不亦善耶？如汝所獲，我亦當同。」時大典尊報七王曰：「世間無常，人命逝速，喘息之間猶亦難保，乃至七歲不亦遠耶？」七王又言：「七歲遠者，六歲、五歲乃至一歲，留住靜宮，極世五欲共相娛樂，然後捨國各付子弟，俱共出家，不亦善耶？如汝所得，我亦宜同。」時大典尊復報王曰：「此世間無常，人命逝速，喘息之間猶亦難保，守至一歲尚亦久爾，如是七月，至于一月，猶復不可。」王又語言：「可至七日，留住深宮，極世五欲共相娛樂，然後捨國各付子弟，俱共出家，不亦善耶？」大典尊答曰：「七日不遠，自可留爾。唯願大王勿違信誓，過七日已，王若不去，我自出家。」

「『時大典尊又至七居士所語言：「汝等各理己務，吾欲出家，修無為道。所以然者，我親從梵天聞說臭穢，心甚惡之。若在家者，無由得除。」時七居士報典尊曰：「善哉！斯志！宜知是時，我等亦欲俱共出家，如汝所得，我亦宜同。」

「『時大典尊復詣七百梵志所，而告之曰：「卿等當勤諷誦，廣探道義，轉相教授，吾欲出家修無為道。所以然者，我親從梵天聞說臭穢，心甚惡之。若在家者，無由得除。」時七百梵志白典尊曰：「大師！勿出家也。夫在家安樂五欲自娛，多人侍從心無憂苦。出家之人獨在空野，所欲悉無，無可貪取。」典尊報曰：「吾若以在家為樂，出家為苦，終不出家。吾以在家為苦，出家為樂，故出家爾。」梵志答曰：「大師出家，我亦出家。大師所行，我亦盡當行。」

「『時大典尊至諸妻所，而告之曰：「卿等隨宜欲住者住，欲歸其歸。吾欲出家，求無為道。」具論上事，明出家意。時諸婦答曰：「大典尊在，一如我夫，一如我父，設今出家亦當隨從，典尊所行，我亦宜行。」

「『過七日已，時大典尊卽剃除鬚髮，服三法衣，捨家而去。時七國王、七大居士、七百梵志及四十夫人，如是展轉，有八萬四千人同時出家，從大典尊。時大典尊與諸大眾遊行諸國，廣弘道化多所饒益。』

「爾時梵王告諸天眾曰：『時典尊大臣豈異人乎？莫造斯觀，今釋迦文佛卽其身也。世尊爾時過七日已，出家修道，將諸大眾遊行諸國，廣弘道化多所饒益。汝等若於我言有餘疑者，世尊今在耆闍崛山，可往問也。如佛所言，當受持之。』」

般遮翼言：「我以是緣，故來詣此。唯然，世尊！彼大典尊卽世尊是耶？世尊爾時過七日已，出家修道，與七國王乃至八萬四千人同時出家，遊行諸國，廣弘道化多所饒益耶？」

佛告般遮翼曰：「爾時大典尊豈異人乎？莫造斯觀，卽我身是也。爾時舉國男女行來舉動，有所破損，皆尋舉聲曰：『南無大典尊七王大相！南無大典尊七王大相！』如是至三。般遮翼！時大典尊有大德力，然不能為弟子說究竟道，不能使得究竟梵行，不能使至安隱之處。其所說法弟子受行，身壞命終得生梵天。其次行淺者生他化自在天，次生化自在天、兜率陀天、焰天、忉利天、四天王、剎利、婆羅門、居士大家，所欲自在。

「般遮翼！彼大典尊弟子，皆無疑出家，有果報，有教誡，然非究竟道，不能使得究竟梵行，不能使至安隱之處。其道勝者，極至梵天爾。今我為弟子說法，則能使其得究竟道，究竟梵行，究竟安隱，終歸涅槃。我所說法弟子受行者，捨有漏成無漏，心解脫、慧解脫，於現法中自身作證：生死已盡，梵行已立，所作已辦，更不受有。其次行淺者斷五下結，即於天上而般涅槃，不復還此。其次三結盡，薄婬、怒、癡，一來世間而般涅槃。其次斷三結，得須陀洹，不墮惡道，極七往返，必得涅槃。般遮翼！我諸弟子不疑出家，有果報，有教誡，究竟道法，究竟梵行，究竟安隱，終歸滅度。」

爾時般遮翼聞佛所說，歡喜奉行。

# (四)佛說長阿含第一分闍尼沙經第四

如是我聞：一時，佛遊那提揵稚住處，與大比丘眾千二百五十人俱。

爾時尊者阿難在靜室坐，默自思念：「甚奇！甚特！如來授人記別，多所饒益。彼伽伽羅大臣命終，如來記之：此人命終，斷五下結，即於天上而取滅度，不來此世。第二迦陵伽，三毘伽陀，四伽利輸，五遮樓，六婆耶樓，七婆頭樓，八藪婆頭，九他梨舍耄，十藪達梨舍耄，十一耶輸，十二耶輸多樓，諸大臣等命終，佛亦記之：斷五下結，卽於天上而取滅度，不來生此。復有餘五十人命終，佛亦記之：斷三結，婬、怒、癡薄，得斯陀含，一來此世便盡苦際。復有五百人命終，佛亦記之：三結盡，得須陀洹，不墮惡趣，極七往返必盡苦際。有佛弟子處處命終，佛皆記之：某生某處、某生某處。鴦伽國、摩竭國、迦尸國、居薩羅國、拔祇國、末羅國、支提國、拔沙國、居樓國、般闍羅國、頗漯波國、阿般提國、婆蹉國、蘇羅*娑國、乾陀羅國、劍洴沙國，彼十六大國有命終者，佛悉記之。摩竭國人皆是王種王所親任，有命終者，佛不記之。」

爾時阿難於靜室起，至世尊所，頭面禮足在一面坐，而白佛言：「我向於靜室默自思念：甚奇！甚特！佛授人記，多所饒益，十六大國有命終者，佛悉記之。唯摩竭國人，王所親任，有命終者，獨不蒙記。唯願世尊當為記之，唯願世尊當為記之，饒益一切，天人得安！又佛於摩竭國得道，其國人命終，獨不與記。唯願世尊當為記之！唯願世尊當為記之！又摩竭國缾沙王為優婆塞，篤信於佛多設供養，然後命終，由此王故，多人信解供養三寶，而今如來不為授記。唯願世尊當與記之，饒益眾生，使天人得安！」

爾時阿難為摩竭⊙國人勸請世尊，即從座起，禮佛而去。

爾時世尊著衣持鉢，入那伽城乞食已，至大林處坐一樹下，思惟摩竭國人命終生處。時去佛不遠，有一鬼神自稱己名，白世尊曰：「我是闍尼沙！我是闍尼沙！」

佛言：「汝因何事，自稱己名為闍尼沙（闍尼沙秦言勝結使）？汝因何法，自以妙言稱見道迹？」

闍尼沙言：「非餘處也。我本為人王，於如來法中為優婆塞，一心念佛而取命終，故得生為毘沙門天王太子。自從是來常照明諸法，得須陀洹，不墮惡道，於七生中常名闍尼沙。」

時世尊於大林處隨宜住已，詣那陀揵稚處，就座而坐，告一比丘：「汝持我聲，喚阿難來。」

對曰：「唯然！」

即承佛教，往喚阿難。阿難尋來至世尊所，頭面禮足在一面住，而白佛言：「今觀如來顏色勝常，諸根寂定，住何思惟容色乃爾？」

爾時世尊告阿難曰：「汝向因摩竭國人來至我所，請記而去。我尋於後，著衣持鉢，入那羅城乞食。乞食訖已，詣彼大林坐一樹下，思惟摩竭國人命終生處。時去我不遠，有一鬼神自稱己名，而白我言：『我是闍尼沙！我是闍尼沙！』阿難！汝曾聞彼闍尼沙名不？」

阿難白佛言：「未曾聞也。今聞其名，乃至生怖畏，衣毛為竪。世尊！此鬼神必有大威德，故名闍尼沙爾。」

佛言：「我先問彼：『汝因何法，自以妙言稱見道迹？』闍尼沙言：『我不於餘處，不在餘法。我昔為人王，為世尊弟子，以篤信心為優婆塞，一心念佛然後命終，為毘沙門天王作子，得須陀洹，不墮惡趣，極七往返，乃盡苦際。於七生[①]中，常名闍尼沙。一時世尊在大林中一樹下坐，我時乘天千輻寶車，以少因緣，欲詣毘樓勒天王，遙見世尊在一樹下，顏貌端正，諸根寂定，譬如深淵澄*淨清明，見已念言：「我今寧可往問世尊，摩竭國人有命終者，當生何所？」又復一時，毘沙門王自於眾中，而說偈言：

我等不自憶，　過去所更事；
今遭遇世尊，　壽命得增益。

「『又復一時，忉利諸天以少因緣，集在一處。時四天王各當位坐，提頭賴吒在東方坐，其面西向，帝釋在前。毘樓勒叉天在南方坐，其面北向，帝釋在前。毘樓博叉天王在西方坐，其面東向，帝釋在前。毘沙門天王在北方坐，其面南向，帝釋在前。時四天王皆先坐已，然後我坐。復有餘諸大神天，皆先於佛所淨修梵行，於此命終生忉利天，增益諸天，受天五福：一者、天壽，二者、天色，三者、天名稱，四者、天樂，五者、天威德。時諸忉利天皆踊躍歡喜言：「增益諸天眾，減損阿須倫眾。」爾時釋提桓因知忉利諸天有歡喜心，卽作頌曰：

忉利諸天人，　帝釋相娛樂；
禮敬於如來，　最上法之法。
諸天受影福，　壽色名樂威；
於佛修梵行，　故來生此間。
復有諸天人，　光色甚巍巍；
佛智慧弟子，　生此復殊勝。
忉利及因提，　思惟此自樂；
禮敬於如來，　最上法之法。』

「闍尼沙神復言：『所以忉利諸天集法堂者，共議思惟，觀察稱量，有所教令，然後勅四天王。四王受教已，各當位而坐。其坐未久，有大異光照于四方，時忉利天見此異光，皆大驚愕：「今此異光將有何怪？」餘大神天有威德者，皆亦驚*怖：「今此異光將有何怪？」時大梵王卽化作童子，頭五角髻，在天眾上虛空中立，顏貌端正與眾超絕，身紫金色蔽諸天光。時忉利天亦不起迎，亦不恭敬，又不請坐。時梵童子隨所詣座，座生欣悅，譬如剎利水澆頭種，登王位時踊躍歡喜。其坐未久，復自變身，作童子像，頭五角髻，在大眾上虛空中坐，譬如力士坐於安座，嶷然不動，而作頌曰：

調伏無上尊，　教世生明處，　大明演明法，　梵行無等侶，使清淨眾生，　生於淨妙天。

「『時梵童子說此偈已，告忉利天曰：「其有音聲，五種清淨，乃名梵聲。何等五？一者、其音正直，二者、其音和雅，三者、其音清徹，四者、其音深滿，五者、周遍遠聞。具此五者，乃名梵音。我今更說，汝等善聽！如來弟子摩竭優婆塞，命終有得阿那含，有得斯陀含，有得須陀洹者，有生他化自在天者，有生化自在⊙天、兜率天、焰天、忉利天、四天王者，有生剎利、婆羅門、居士大家，五欲自然者。」』」時梵童子以偈頌曰：

摩竭優婆塞，　諸有命終者，　八萬四千人，　吾聞俱得道。

成就須陀洹，　不復墮惡趣，　俱乘平正路，　得道能救濟。

此等群生類，　功德所扶持，　智慧捨恩愛，　慚愧離欺妄。
於彼諸天眾，　梵童記如是，　言得須陀洹，　諸天皆歡喜。

「『時毗沙門王聞此偈已，歡喜而言：「世尊出世說真實法，甚奇！甚特！未曾有也。我本不知如來出世，說如是法，於未來世，當復有佛說如是法，能使忉利諸天發歡喜心。」

「『時梵童子告毗沙門王曰：「汝何故作此言？如來出世說如是法，為甚奇！甚特！未曾有也。如來以方便力說善不善，具足說法而無所得，說空淨法而有所得。此法微妙，猶如醍醐。」

「『時梵童子又告忉利天曰：「汝等諦聽！善思念之，當更為汝說。如來、至真善能分別說四念處。何謂為四？一者內身⊙身觀，精勤不懈，專念不忘，除世貪憂。外身⊙身觀，精勤不懈，專念不忘，除世貪憂。⊙內外身觀，精勤不懈，專念不忘，除世貪憂☆。受、意、法觀亦復如是，精勤不懈，專念不忘，除世貪憂。內身觀已，生他身智。內觀受已，生他受智。內觀意已，生他意智。內觀法已，生他法智。是為如來善能分別說四念處。復次，諸天！汝等善聽！吾當更說，如來善能分別說七定具，何等為七？正見、正志、正語、正業、正命、正方便、正念，是為如來善能分別說七定具。復次，諸天！如來善能分別說四神足，何等謂四？一者、欲定滅行成就修習神足，二者、精進定滅行成就修習神足，三者、意定滅行成就修習神足，四者、思惟定滅行成就修習神足，是為如來善能分別說四神足。」

「『又告諸天：「過去諸沙門、婆羅門以無數方便，現無量神足，皆由四神足起。正使當來沙門、婆羅門無數方便，現無量神足，亦皆由是四神足起。如今現在沙門、婆羅門無數方便，現無量神足者，亦皆由是四神足起。」時梵童子卽自變化形為三十三身，與三十三天一一同坐，而告之曰：「汝今見我神變力不？」答曰：「唯然已見。」梵童子曰：「我亦修四神足故，能如是無數變化。」

「『時三十三天各作是念：「今梵童子獨於我坐而說是語，而彼梵童一化身語，餘化亦語；一化身默，餘化亦默。」時彼梵童還攝神足，處帝釋坐，告忉利天曰：「我今當說，汝等善聽！如來、至真自以己力開三徑路，自致正覺。何謂為三？或有眾生親近貪欲，習不善行，彼人於後近善知識，得聞法言，法法成就，於是離欲捨不善行，得歡喜心恬然快樂，又於樂中復生大喜。如人捨於麤食，食百味飯，食已充足，復求勝者。行者如是，離不善法甚歡喜樂，又於樂中復生大喜，是為如來自以己力開初徑路，成最正覺。又有眾生多於瞋恚，不捨身、口、意惡業，其人於後遇善知識，得聞法言，法法成就，離身惡行、口、意惡行，生歡喜心恬然快樂，又於樂中復生大喜。如人捨於麤食，食百味飯，食已充足，復求勝者。行者如是，離不善法得歡喜樂，又於樂中復生大喜，是為如來開第二徑路。又有眾生愚冥無智，不識善惡，不能如實知苦、習、盡、道，其人於後遇善知識，得聞法言，法法成就，識善不善，能如實知苦、習、盡、道，捨不善行，生歡喜心恬然快樂，又於樂中復生大喜。如人捨於麤食，食百味飯，食已充足，復求勝者。行者如是，離不善法得歡喜樂，又於樂中復生大喜，是為如來開第三徑路。』」」

時梵童子於忉利天上說此正法，毘沙門天王復為眷屬說此正法，闍尼沙神復於佛前說是正法，世尊復為阿難說此正法，阿難復為比丘、比丘尼、優婆塞、優婆夷說是正法。

是時阿難聞佛所說，歡喜奉行。

## 佛說長阿含經卷第五

南無護法韋馱尊天菩薩

# 長阿含經

**主　編**——全佛編輯部
**出 版 者**——全佛文化出版社
地址／台北市信義路三段二〇〇號五樓
永久信箱／台北郵政二六～三四一號信箱
電話／(〇二) 七〇一一〇五七・七〇一〇九四五
郵撥／一七六二六五五八　全佛文化出版社
**全套定價**——新台幣六〇〇元（全四冊）
**初　版**——一九九七年三月

國家圖書館出版預行編目資料

長阿含經 / (後秦)佛陀耶舍, 竺佛念譯. --初版.
--臺北市：全佛文化, 1997 [民 86]
冊；　　公分.
ISBN 957-9462-71-2( -套：平裝)

1. 小乘經典

221.81　　86002269

隨身佛典

# 長阿含經

後秦佛陀耶舍共竺佛念　譯

隨身佛典

# 長阿含經

後秦佛陀耶舍共竺佛念 譯